KB057735

창조성,
신화를
다시쓰다

창조성을 둘러싼 10가지 비밀

창조성,
신화를
다시 쓰다

데이비드 버커스 지음 | 박수철 옮김

시그마북스
Sigma Books

창조성,신화를 다시쓰다

발행일 2014년 11월 3일 초판 1쇄 발행
지은이 데이비드 버커스
옮긴이 박수철
발행인 강학경
발행처 시그마북스
마케팅 정제용, 신경혜
에디터 권경자, 양정희, 최윤정
디자인 정연경

등록번호 제10−965호
주소 서울특별시 영등포구 양평로 22길 21 선유도코오롱디지털타워 A404호
전자우편 sigma@spress.co.kr
홈페이지 http://www.sigmabooks.co.kr
전화 (02) 2062-5288-9
팩시밀리 (02) 323-4197
ISBN 978-89-8445-598-6 (03320)

THE MYTHS OF CREATIVITY

Copyright © 2014 by David Burkus

All right reserved. This translation published under license with the original publisher John Wiley & Sons, Inc.
Korean Translation Copyright © 2014 by Sigma Press Inc.

Korean edition is published by arrangement with John Wiley & Sons International Right, Inc.
through Imprima Korea Agency

Sigma Books is a divisions of Sigma Press, Inc.

이 책의 한국어판 저작권은 Imprima Korea Agency를 통해 John Wiley&Sons International Right, Inc.와의
독점 계약으로 (주)시그마프레스에 있습니다.
저작권법에 의하여 한국 내에서 보호를 받는 저작물이므로 무단전재와 무단복제를 금합니다.

* 시그마북스 는 (주)시그마프레스의 자매회사로 일반 단행본 전문 출판사입니다.

혁신이란 **1,000가지의 생각을 거절**하는 것이다.

– 스티브 잡스 –

CONTENTS

창조성과 신화

창조성은 신화에 둘러싸여 있다.

신화는 인간이 불가사의한 사건이 일어나는 이유를 해명하고 자신의 행동방식 및 사고방식을 규정하려고 만들어 후세에 전해주는, 대체로 아주 오래된 이야기다. 각 문명에서는 기존의 지식으로 주변 세계를 설명할 수 없을 때 신화를 지어낸다. 고대 그리스인들은 세계의 작동방식을 설명하기 위한 방편으로 신, 초자연적 존재, 인간 등에 관한 이야기를 지속적으로 언급했다. 그들이 꾸며낸 신화는 이를테면 자연의 위력, 사후세계, 신비한 창조 과정처럼 쉽게 이해할 수 없는 수수께끼를 설명하려는 시도였다.

그들은 고대의 작가, 음악가, 그리고 심지어 기술자의 기도를 듣고 응답하는 학예의 여신 뮤즈를 차례로 만들어냈다.[1] 뮤즈는 창조성이라는 신성한 불꽃의 담지자들이었다. 뮤즈는 영감의 원천이었다. 플라톤 같은 위대한 사상가들도 모든 시적 창조성의 원천이 뮤즈라고 믿었다. 따라서 시인의 작품은 모두 뮤즈의 작품으로 간주되었다.[2] 그리스 신화가 점점 몸집을 불리는 동안 뮤즈의 숫자도 늘어났고, 결국 그리스 신화에는 창조성의 수호신인 아홉 뮤즈가 모두 등장했다. 뮤즈는 각자의 영역에서 인간에게 창조적 통찰을 선사했다. 칼리오페는 서사시의 뮤즈였고, 클리오는 역사의 뮤즈, 에라토는 사랑의 서정시의 뮤즈였다.

그리스인들은 모든 창조적 통찰이 이 뮤즈들에게서 비롯된다고 믿었고, 그래서 무언가 특이한 것을 만들어내는 경험을 알고 창조성의 원천을 찾기 위해 뮤즈들을 떠받들었다. 뮤즈로부터 영감을 얻어 무언가를 만들어내는 행위는 신성한 특권이었다. 플라톤과 소크라테스 같은 당시의 몇몇 위대한 지성인들은 각자 선택한 뮤즈를 위해 제단이나 신전을 세웠다(혹은 위험을 분산하려고 모든 뮤즈에게 기도를 드렸다). 고전기 그리스의 서사시 『일리아스』와 『오디세이아』는 둘 다 뮤즈에게 드리는 기도로 시작된다.

그리스인들은 감히 뮤즈에게 대들지 못하도록 경고하는 전설을 지어내기도 했다. 그중 하나가 빼어난 노래꾼인 타미리스에 관한 전설이다. 타미리스는 자기 노래 솜씨에 너무 도취되었다고 한다. 그는 뮤즈들보다 노래를 더 잘한다고 뽐냈고, 그들에게 노래 대결을 신청했다. 뮤즈들은 그의 오만함을 받아줬고, 도전에 응했다. 타미리스는 뮤즈들과 노래 솜씨를 겨뤘지만, 지고 말았다. 그는 도발에 따른 대가를 치러야 했다. 뮤즈들은 그를 장님으로 만들었고, 시를 쓰고 수금竪琴을 연주할 수

아홉 뮤즈 로마의 석관에 새겨진 아홉 뮤즈 칼리오페, 클리오, 에우테르페, 에라토, 멜포메네, 폴리힘니아, 테르프시코레, 탈리아와 우라니아.

있는 능력을 빼앗아버렸다. 이후 그는 다시는 창작을 할 수 없게 되었다. 타미리스의 전설은 신들과 뮤즈들이 모든 재능과 창조력의 원천이라는 믿음을 다지는 차원에서 회자되었다. 뮤즈들은 창조력을 선사할 수도 있고 앗아갈 수도 있었다. 따라서 창작 활동을 계속하는 유일한 길은 뮤즈를 꾸준히 섬기는 것, 그리고 인간에게 선물을 주기 위해 뮤즈를 빚어낸 신에게 감사하는 것이었다.

창조성이 신의 선물이라는 믿음은 고대 그리스인들에게 국한되지 않는다. 역사를 통틀어 기독교를 비롯한 여러 종교의 신학자들은 신을 우주에서 유일한 창조성의 원천으로 여겼다.[3] 심지어 중세 유럽에서도 창조적 아이디어는 신의 것이고 그 아이디어의 파생물은 인간의 것이라는 관념이 지배적이었다. 모든 창조적 재능과 영감은 신의 은총 덕분이었다. 당시 누군가에게 노래, 시, 발명 등을 위한 아이디어의 원천이 무엇인지 물으면 대답은 언제나 신이었다.

이후에도 뮤즈의 전설은 서구 세계에 미친 그리스의 영향 덕택에 명

맥을 이을 수 있었다. 뮤즈의 전설은 서구 세계의 역사 내내 문학 작품을 장식해 왔다. 단테의 『신곡』 〈지옥편〉 제2절에서 그는 뮤즈들에게 울부짖으며 매달린다. 『트로일로스와 크리세이드』에서 제프리 초서는 클리오에게 자신의 뮤즈가 되어달라고 부탁한다. 윌리엄 셰익스피어의 희곡 《헨리 5세》의 첫머리는 『일리아스』나 『오디세이아』와 마찬가지 형식으로 뮤즈들에게 올리는 기도로 시작한다. 계몽시대에는 18세기의 여러 일류 사상가들이 더욱 심층적인 지적 탐구의 방편으로 '뮤즈 숭배'를 재확립하려고 시도했다. 볼테르, 당통, 그리고 심지어 벤저민 프랭클린도 아홉 자매Les Neufs Soeurs라는 이름의 프리메이슨 집회소에서 열린 회합에 참석했다. 현대에도 뮤지엄museum 같은 낱말에 그들의 노력의 흔적이 남아 있다. 뮤지엄의 원래 의미는 '뮤즈들을 숭배하는 장소'였지만, 지금은 공공적 지식이나 창조적 작품을 전시하는 모든 장소를 가리키게 되었다.

이런 본래적 신화의 흔적은 대학 동창생과의 대화를 비롯해 내가 직접 경험한 여러 대화에도 남아 있다. 나는 그녀와 함께 몇 개의 작문 강의를 들었고, 그녀는 언제나 소설을 쓰고 싶어 했다. 10여 년 전, 그녀는 초기 구상을 마쳤다. 하지만 그때도 여러 가지 조사만 했을 뿐 막상 집필에 돌입하지 못했다. 나와 마지막으로 대화를 나눴을 때도 마찬가지였다. 그녀의 공책은 조사 결과로 가득했고, 나머지 페이지는 비어 있었다. 내가 소설 집필에 관해 물어볼 때마다 그녀의 대답은 한결같았다.

"글을 쓸 만한 영감이 떠오르지 않아."

말로는 표현하지 않았을지 몰라도 그녀의 행동(혹은 행동의 결여)에는 모종의 외부적 힘이 작용해야 소설을 쓸 수 있다는 야릇한 믿음이 묻어나 있었다.

또 다른 지인과도 이와 비슷한 대화를 나눌 때가 많다. 그는 늘 창업을 바라지만 지금까지 계속 같은 대기업에서 일하고 있다. 그동안 그가 독파한 경영 서적과 구입한 창업 잡지의 수는 일일이 셀 수도 없다. 그는 항상 조사에 매달리지만, 창업 소식은 들리지 않는다. 그는 얼마나 많은 위대한 회사들이 초라하게 출발했는지, 그 회사들이 얼마나 폭발적으로 성장했는지 아주 상세히 꿰고 있다. 그는 내게 이렇게 말한다.

"멋진 아이디어만 있으면 돼."

그렇다. 단 하나의 멋진 아이디어만 있으면 그는 회사를 차리고 그것을 세계적인 회사로 키우는 데 필요한 모든 요소를 갖추게 될 것이다. 물론 그 하나의 아이디어가 하늘에서 뚝 떨어질 때만 그렇겠지만 말이다.

오늘날에도 창조성을 둘러싼 그리스 신화의 영향이 남아 있지만, 현대의 과학적 수단 덕분에 우리는 뮤즈를 향한 믿음에서는 벗어나게 되었다. 그간의 현대적 연구에 힘입어 우리는 혁신적 아이디어를 이끌어낼 때 활용할 수 있는, 경험적으로 입증된 창조성 모형으로 눈길을 돌리고 있다. 외부적 힘이 멋진 아이디어를 도출해 준다는 믿음에 기댈 필요가 없다. 우리 내면에는 우리에게 필요한 모든 요소가 있다.

이런 참신하고 유용한 아이디어의 원천이 신이 아니라면 대체 그것의 원천은 무엇일까? 우리가 어느 순간에는 창조성을 발휘하고 다른 순간에는 그렇지 못하는 까닭은 무엇일까? 우리는 왜 남보다 더 창조적이거나 덜 창조적일까? 우리의 창조적 통찰은 어디서 비롯되는 것일까? 창조적 통찰을 더 많이 내놓을 수 있는 방법은 무엇일까? 신성한 존재가 이따금 우리에게 찾아와 창조적 계시를 내려준다는 믿음이나, 창조 행위는 종교와 유사한 경험이라는 믿음은 창조성이 너무나 순간적인 것으로 보이는 까닭을 해명해 줄지 모르지만 창조성을 요구받는 사람들의 입장에서 이런 신화는 그다지 도움이 되지 않는다. 도움이 되는 것은 창조적 인물과 혁신적 조직에 관한 연구다.

　이 주제에 관한 100여 년간의 연구에도 불구하고 아직 창조성에 관한 정밀하고 합의된 정의는 없지만, 최소한의 공통분모는 도출된 듯하다. 이 분야의 대다수 전문가들은 창조성을 참신하고 유용한 아이디어를 고안하는 과정으로 간주한다.[4] 참신성은 쉽게 인지되지만, 유용성도 그에 못지않게 중요하다. 모나리자는 중요한 창조적 작품으로 유명하지만, 모나리자의 복제 사진은 아마 그리 창조적인 것으로 간주되지 않을 것이다. 하지만 복제 사진은 매우 유용한 것이고, 1959년에 최초의 사무용 사진 복사기가 출시되었을 때 복제 사진은 참신한 것이기도 했다. 조직에서 참신하고 유용한 아이디어, 프로젝트, 공정, 프로그램 따위를 고안하는 작업은 혁신 촉진과 경쟁력 유지에 필수적인 전제조건이다.

　창조성과 혁신은 특유의 관계를 맺고 있다. 하버드 경영대학원 교수 테레사 에머빌은 "개인과 팀의 창조성은 혁신의 출발점이다. 전자는 필수적이지만, 후자의 충분조건은 아니다"라고 썼다.[5] 에머빌은 창조성을 혁신의 원천으로 여기지만, 창조성이 신에게서 비롯된다고 생각하지는 않는다. 대신에 그녀는 이른바 '창조성의 구성요소 모형'을 제시한다. 창조성을 파고든 수십 년간의 연구에 기반한 이 모형은 창조 과정과 그것의 다양한 영향을 설명하기 위한 수단으로 고안된 것이다.

에머빌의 주장에 의하면 창조성은 영역 관련 기술, 창조성 관련 과정, 과제 동기부여, 사회적 환경이라는 네 가지 구성요소에 영향을 받는다.[6] 이 네 가지 요인은 창조적 통찰이 떠오르는가를 결정한다. 기본적으로 이 네 가지 요인이 중첩될 때 창조적 작업이 일어난다. 이들 요인이 존재하는 정도는 개인이 경험할 창조성의 수준에 영향을 준다. 달리 말하자면 창조성은 일정한 전문지식과 상당한 창조적 사고기법을 갖추고 내재적으로 동기가 부여된 사람이 창조성 친화적인 환경에서 작업할 때 최고점을 찍을 것이다. 혁신은 이 네 가지 요인이 접목되어 발생한 창조성이 활용될 때 일어난다.

첫째, 영역 관련 기술(쉽게 말해 전문지식)은 특정 영역에 관한 개인의 지식, 전문기술, 재능 따위를 가리킨다. 영역 관련 기술은 개인들이 창조 과정에서 활용하는 필수적 자원이다. 음계와 화음을 모르면서 교향곡을 만드는 작곡가를 상상하기 어렵듯이 물리학, 공학, 건축 자재 등에 관한 지식 없이 사무용 건물을 설계하는 건축가를 떠올리기도 힘들다. 그런데 우리는 흔히 영역 관련 기술을 창조성과 혼동한다. 예를 들어 작곡가만큼 작곡을 잘 하지는 못한다고 생각하는 사람은 자신보다 작곡가를 더 창조적인 존재로 여긴다. 하지만 그 사람이 미처 주목하지 못하는 점은 작곡가가 작곡 관련 전문지식을 습득하기 위해 기울인 노력이다.

둘째, 창조성 관련 과정은 주어진 문제의 해법을 도출할 때 활용하는 방법이다. 창조성 관련 과정은 문제를 다양한 각도에서 검토하고 다양한 분야의 지식을 조합하고 현상유지적 대응에서 벗어나기 위해 동원하는 기법들이다. 이들 기법은 구사하는 사람의 성격에 따라 조금씩 다르다. 다양한 시각에 공감할 줄 아는 독립적인 위험 감수자일수록 더 뛰어난 창조적 문제 해결자가 될 수 있다. 특정 성격의 사람들이 더 빨리 습득하려고 적극성을 보일지 모르지만, 이 기법들은 누구나 배울 수 있는 것이기도 하다. 상호의존적이고 위험 부담을 기피하는 자아도취자도 아이디어를 더 쉽게 떠올리는 방법, 가능한 결과를 조합해 상승효과를 올리는 방법을 배울 수 있다.

셋째, 과제 동기부여는 기꺼이 참여하려는 의지다. 간단히 말해 열정이다. 과제 동기부여는 문제를 해결하려는 욕구, 혹은 문제를 연구하면서 느끼는 만족감이다. 전문지식과 창조적 사고기법은 도전과제를 공략할 때 쓰는 무기들이지만, 개인이나 팀이 전투에 나서기로 결심해야만 그런 무기들을 쓸 수 있다. 고객이 바라는 이상적인 건축가는 적절한 지식과 기술을 갖춘 건축가일 것이다. 하지만 그 건축가에게 도전에 나설 동기가 없으면 관련 지식과 기술은 방치되거나 다른 프로젝트에 활용되고 말 것이다.

넷째, 사회적 환경은 유일한 외부적 요인이다. 우리 모두는 특정 환경 속에 놓여 있고, 그 환경은 아마 우리가 인식하는 것보다 더 큰 영향을 미칠 것이다. 연구에 의하면 개인을 둘러싼 환경은 창조적 표현에 긍정적이거나 부정적인 영향을 미칠 수 있다.[7] 조직 내부에서 새로운 아이디어가 환영받는가? 아니면 신랄하게 비판받는가? 경영진이 지속적인 개혁을 강조하는가? 아니면 현상유지에 역점을 두는가? 조직 내부에 정치적 문제가 있는가? 협조적이고 교차기능적인 팀이 활용되고 있는가? 문제에 접근하는 방식을 둘러싼 자유가 보장되어 있는가? 해당 조직의 사회적 환경이 구성원들의 창조성을 장려하는지, 아니면 위축시키는지를 평가하려면 이와 같은 질문을 던져야 한다.

에머빌이 제시한 모형은 다양한 방식으로 응용될 수 있다는 장점이 있다. 영역 관련 기술, 창조성 관련 과정, 과제 동기부여, 사회적 환경이라는 네 가지 요인은 조직이 구성원들의 창조성에 미치는 긍정적, 부정적 영향을 조절하는 데 이용할 수 있다. 예를 들어 직원들이 멋진 아이디어를 떠올리기를 바라는 경영진은 네 가지 요인의 측면에서 자사의 조직을 분석할 수 있다. 이들 요인 가운데 일부는 다른 요인보다 영향의 범위가 넓다. 따라서 더 심대한 영향을 미친다. 그렇지만 적절히 설계할 경우 네 가지 요인 모두 창조적 아이디어의 증진에 기여할 수 있을 것이다.

영역 관련 기술은 향상시킬 수 있다. 예를 들어 사진사는 빛을 이용하는 새로운 기법을 배울 수 있고, 원래 갖고 있던 지식을 영화제작 같은 분야에 활용할 수도 있다. 마찬가지로 컴퓨터 프로그래머는 여러 가지 프로그래밍 언어를 배울 수 있고, 산업디자인 같은 새로운 분야를 공부할 수도 있다. 여러 기업에서는 이미 직원 연수, 직무 순환, 외부 장학제도(이를테면 학자금 지원) 등의 프로그램을 통해 영역 관련 기술을 관리하고 있다. 하지만 이때 기업이 명심할 점은 이들 프로그램이 현재의 직무와 특별한 관계가 있어야 한다는 것이다. 그리고 앞으로 살펴보겠지만 폭넓은 영역 관련 지식이 깊이 있는 영역 관련 지식보다 창조성 증진에 더 보탬이 될 때가 있다.

창조성 관련 과정은 배울 수 있다. 우리는 브레인스토밍 요령(더 정확히 말해 적절한 브레인스토밍 요령)을 배울 수 있다. 문제해결법이나 수평 사고 기법도 배울 수 있다. 우리가 더 많은 아이디어를 내놓거나 더 뛰어난 아이디어 구체화 방식을 고안할 수 있으면, 창조적 작업의 품질이 향상될 것이다. 앞서 언급한 사진사는 더 나은 인물사진 연출법이나 다양한 형식적 요소를 결합하는 방법을 익힐 수 있다. 프로그래머는 다양한 종류의 소프트웨어를 디자인하는 요령이나 여러 가지 프로그램을 조합해 새롭고 더 훌륭한 프로그램을 만드는 요령을 배울 수 있다.

전문지식과 창조적 방법론은 모두 가르칠 수 있는 것이지만, 이 두 가지 요인은 작업에 임하려는 적극성과는 무관하다. 어떤 사진사는 자신만의 이야기를 포착하는 방법을 알고 있고, 다른 사진사는 그저 가판대 앞에 줄지어선 사람들의 사진에 만족한다. 어떤 프로그래머는 인간과 기술 사이의 차세대 연결장치를 디자인하려고 열심히 노력하고, 다른 프로그래머는 단지 사용자의 출신지를 표시하기 위한 1개 이상의 드롭다운 목록을 만든다. 다행히 기업은 직원들에게 더 많은 동기를 부여할 수 있는 직무와 제도를 고안할 수 있다. 5장에서는 직원들에게 내재적 동기를 부여하는 직무가 전통적인 상여금 제도보다 더 나은 창조적 성과로 이어지는 이유를 살펴볼 것이다.

기업의 사회적 환경은 네 가지 요인 가운데 다시 조성하기가 가장 어려운 요인이다. 하지만 가장 중요한 요인이기도 하다. 사회적 환경은 나머지 세 가지 내부적 요인에 영향을 미침으로써 창조성을 향상시키거나 위축시킨다. 조직이 지속적인 개선과 학습에 전념하는 정도는 구성원들이 얼마나 쉽게 자신의 전문지식을 향상시킬 수 있는가에 직접적인 영향을 미친다. 마찬가지로 조직 내부에서의 교차기능적 작업이 진행되는 정도는 구성원들이 얼마나 폭넓은 집단 전문지식의 혜택을 입는가에 영향을 준다. 새로운 아이디어에 대한 최고경영진의 개방적 자세와 자원의 이용가능성은 창조성 관련 과정이 얼마나 자주 활용되는가, 혹은 '늘 똑같은' 방식이 얼마나 굳건히 자리 잡는가에 영향을 준다. 최고경영진이 지속적 혁신이라는 미래상을 얼마나 적극적으로 전파하고 그것을 행동과 정책으로 정착시키는가는 직원들이 각자의 창조성을 얼마나 자유롭게 표현하는가를 결정한다. 또한 교차기능적 작업의 효과와 중요성을 강조하는 분위기는 내재적으로 동기가 부여된 구성원들이 계속 등장해 창조와 혁신을 선도하는 과정에 영향을 미친다.

창조성의 네 가지 구성요소 모형 덕분에 많은 이들이 신성시하는 것들에 드리워진 장막이 걷히고 있다. 창조성은 신의 축복이라기보다 올바른 생태계를 조성하고 그곳을 적절한 훈련을 받고 다양한 관점을 지닌 사람들로 채우는 과정의 결과에 가깝다. 창조적 신비론자들은 여전히 신의 은혜를 입은 사람들을 시샘하거나 뮤즈에게 기도를 드릴지 몰라도, 경험에 근거한 이 모형의 함의는 분명하다. 즉 적절한 조건이 갖춰질 경우 누구나 창조적일 수 있다. 모두가 멋진 아이디어를 도출할 수 있다.

에머빌의 모형이 창조성을 둘러싼 신화에 내민 경험적 도전장에도 불구하고, 많은 사람들은 여전히 창조성을 불가사의한 과정으로 여기는 듯하다. 과학 덕분에 창조성의 본래적 신화는 해명되었지만, 혁신과 창조성의 나머지 불가사의한 요소들을 둘러대기 위한 새로운 신화들이 등장해 왔다. 아마 사람들은 창조적 통찰력, 즉 번득이는 영감을 경험했을 것이고, 마치 그것이 외부에서 찾아오는 것처럼 느꼈을지 모른다. 아마 우리 주변에는 남다른 창조성을 타고난 사람이 있을 것이다. 그리고 진취적 발명의 역사를 돌이켜볼 때 천재들의 빛나는 아이디어는 예상을 뛰어넘는 혁명적인 성과처럼 보일 것이다. 그런 신기한 현상은 쉽게 설명하기 어렵다. 따라서 그동안 우리는 그것을 설명할 수 있는 수단을 고안해 왔다. 우리는 창조성의 작동 방식에 관한 나름의 추론 방식을 고안해 왔고, 그것이 신화로 변질되었다.

창조성을 둘러싼 본래적 신화가 탄생한 원인 가운데 하나는 새로운 아이디어가 순간적인 통찰처럼 보일 때가 있기 때문이다. 새로운 아이디어가 순간적인 통찰처럼 보일 수 있는 가능성은 아이작 뉴턴과 떨어진 사과에 관한 이야기를 포함한 여러 이야기에 등장하는 **유레카 신화**Eureka Myth로 이어지기도 했다. 하지만 통찰은 순간적인 불꽃이 아니라 문제와 프로젝트에 대한 끈질긴 노력의 결과다. 물론 해답은 있지만 해답이 우리의 잠재의식에서 숙성되기까지는 시간이 필요한 법이다. 해답을 숙성시키기 위해서는 각기 다른 아이디어를 연결하는 과정이 필요하고, 그런 연상 작용은 오래된 아이디어에 힘입을 때도 있다.

창조성의 원천을 둘러싼 담론에서 고대의 신성성神聖性은 배제되었지만 많은 사람들이 아직 창조성을 별종들만 이용할 수 있는 제한적 자원으로 인식한다. 이것이 바로 **별종 신화**Breed Myth다. 별종 신화란 창조력이 개인의 성격이나 유전자에 내재된 특성이라는 믿음이다. 우리는 어떤 사람들에게는 '창조적'이라는 훈장을 주지만, 다른 사람들에게는 반대의 딱지를 붙인다. 하지만 이런 인식의 타당성을 뒷받침할 만한 연구는 거의 존재하지 않는다. 증거에 의하면 오히려 반대다. 즉 창조적 혈통은 없다. 실제로 몇몇 회사에서는 조직 내부에 존재하는 창조적 직무와 비창조적 직무 사이의 경계선을 없애고 혁신을 모든 직원의 직무 내용 설명서에 포함시키려는 작업을 진행하고 있다.

흔히 창조적 아이디어는 그것을 생각해낸 사람의 전유물로 간주된다. 지적 재산권을 강조하는 기업 세계에서는 더욱 그렇다. 하지만 이런 태도는 **독창성 신화**Originality Myth에 근거한 것이다. 독창성 신화는 창조적 아이디어가 전적으로 그것을 고안한 사람만의 것이라는 믿음이다. 하지만 역사적 기록과 경험적 연구에 의하면 그렇지 않다. 어떤 아이디어는 오래된 몇 가지 아이디어의 조합이고, 새로운 아이디어를 공유하면 더 많은 혁신으로 이어질 수 있다. 이런 경험적 연구 결과는 조직 내부에서조차 아이디어를 경쟁의 차원에서 바라보는 행태에 경종을 울리고 있다.

창조적 아이디어를 지속적으로 도출하기 위해서는 전문가들로 구성된 팀에게 의존할 때가 매우 많다. 하지만 그런 방식이 언제나 효과적이지는 않다. 가끔씩 우리는 **전문가 신화**Expert Myth에 빠질 때가 있다. 전문가 신화는 어려운 문제일수록 더 박식한 전문가들이 필요하다는 믿음이다. 그러나 연구에 의하면 난해한 문제의 해결에는 문외한의 관점이 필요할 때가 많다. 문외한은 회사가 어려운 문제에 대한 혁신적인 해법을 발견하는 여건 조성에 도움이 될 수 있다. 전문가에게 의존하는 회사들은 **인센티브 신화**Incentive Myth에 솔깃할 때도 많다. 인센티브 신화는 일시적이든 장기적이든 간에 인센티브가 직원들의 적극성을 증진할 수 있고 그 결과 직원들의 창조력을 향상시킬 수 있다는 믿음이다. 이런 인센티브는 도움이 될 수 있지만, 긍정적 측면보다는 부정적 측면이 더 많다. 다행히 동기부여에 관한 약 50년간의 심리학적 연구 덕분에 인센티브 기반의 프로그램을 뛰어넘어 진정으로 동기를 부여하는 방안을 마련할 수 있게 되었다.

창조적 작업의 역사를 살펴보면 유독 두드러진 천재들이 있는 것 같다. **고독한 창조자 신화**Lone Creator Myth는 천재들이 서로 주고받은 영향과 함께 진행한 협업을 무시한 채 획기적 혁신과 창조적 작업을 한 사람의 전유물로 돌리려는 태도를 가리킨다. 창조성은 공동의 노력일 때가 많다. 따라서 창조적 팀에 관한 최근의 연구 결과는 리더들이 완벽한 창조적 팀을 조직할 때 도움이 될 수 있다. 그런데 창조적 팀을 조직하면서 우리는 **브레인스토밍 신화**Brainstorming Myth를 믿는 경향이 있다. 브레인스토밍 신화는 브레인스토밍만이 창조적 돌파구를 마련할 수 있다는 믿음이다. 그러나 안타깝게도 단지 '여러 사람이 아이디어를 자유롭게 내놓는 것'만으로는 창조적 돌파구를 지속적으로 마련하기 어렵다.

흔히 우리는 창조적 팀이라고 하면 직원들이 무료 점심을 먹으면서 잡담을 하거나 탁상 축구게임을 즐기는 '웃음꽃이 피는' 회사를 상상하기 쉽다. 우리는 창조적 회사들이 재미와 인화에 기반한 안전하고 응집력 있는 환경을 선호할 것으로 여기지만, 실제로는 그렇지 않다. **결속력 신화**Cohesive Myth의 신봉자들은 모두가 함께 어울리고 즐겁게 일하기를 바라지만, 결속력은 혁신적 사고를 가로막을 수 있다.

실제로 지금까지 놀라운 창조성을 보여준 여러 회사들은 최선의 결과를 낳는 데 기여할 수 있도록 이견과 충돌까지 과감히 포섭하는 방법을 발견해 왔다. 앞서 언급한 창조적인 팀에 관한 우리의 잘못된 상상은 자원에도 적용된다. 우리는 직원들에게 자원을 제한적으로 제공하는 회사는 혁신적인 성과를 내놓기 어렵다고 생각한다. 이것이 바로 **제약 신화**Constraints Myth다. 제약 신화는 제약이 창조성을 가로막는다는 관념이다. 그러나 많은 회사들은 정반대의 경향을 보인다. 다수의 회사들이 직원들의 창조적 잠재력을 키우기 위해 의도적으로 일정한 제한을 둔다. 연구에 의하면 창조성에는 제약이 필요하다.

대부분의 신화들은 창조성을 갖추는 방법에 주목하지만, 창조성 자체에 초점을 맞춘 신화도 있다. 많은 사람들은 일단 창조적 아이디어를 확보하면 그것으로 끝이라는 잘못된 믿음을 갖고 있다. 그들은 세상이 창조적 아이디어의 장점을 알아볼 것이라고, 그것이 실현되도록 도와줄 것이라고 생각한다. 이것이 바로 "남보다 뛰어나면 언젠가 세상이 알아준다"라는 속담을 빗댄 **쥐덫 신화**Mousetrap Myth다. 사실 세상은 유달리 혁신적인 사람을 인정해주지 않는다. 오히려 그 사람과 그의 아이디어는 기껏해야 무시될 것이고 최악의 경우 가혹한 불신과 파멸의 구렁텅이에 빠질 공산이 크다. 창조적 아이디어를 내놓는 방법을 아는 것만으로는 역부족이다. 혁신을 이끌기 위해서는 이런 현상을 극복하는 방법을 알아야 한다.

여러 전통적인 신화들과 마찬가지로 창조성의 신화도 우리 마음을 편안하게 해주는 효과가 있다. 창조성 신화는 우리가 몸담은 세상과 우리의 창조성(때로는 창조성의 부족)을 설명해주는 것처럼 보인다. 사실 창조성 신화는 완벽한 설명은 아니지만, 이것을 어느 정도 받아들이는 편이 아예 모르는 편보다는 낫다. 그러나 나머지 신화들과 마찬가지로 창조성 신화를 맹신하는 태도는 현실을 직시하는 데 걸림돌로 작용할 수 있다. 창조성 신화는 유익한 듯 느껴질지 모르지만, 반대의 증거를 무시한 채 맹신하면 창조적 잠재력을 발휘하기 어렵다. 하지만 일단 진실을 알고 나면 이런 신화에서 벗어나 진정한 창조적 생각을 내놓을 수 있는 여건을 조성할 수 있다. 진정으로 멋진 아이디어를 내놓기를 바란다면 자학자습이나 신화에 기대지 말아야 한다. 대신에 창조적 정신에 대한 과학적 연구를 면밀히 검토하고 혁신적인 기업과 인물의 사례를 살펴볼 필요가 있다. 조직에는 창조성이 필요하지만 단순한 창조성 신화를 뛰어넘는 것이 필요하다.

창조성은 모든 혁신의 출발점이고, 대다수 조직은 혁신을 발판으로 경쟁적 우위를 창출한다. 혁신은 성공적인 발전, 새로운 프로그램, 더 우수한 제품 등을 위한 필수조건이다. 이 때문에 모든 업종의 기업 지도자들은 창조성에 관한 질문을 점점 더 많이 던지고 있다. 창조성은 어디서 비롯되는가? 창조성을 더 많이 확보할 수 있는 방법은 무엇일까? 창조적인 사람들은 어디서 구할 수 있을까? 이 모든 질문은 타당한 물음이지만, 창조성을 둘러싼 신화로 인해 잘못된 해답에 도달할 때가 많다. 혁신을 향한 노력을 주도하기 위해서는 창조성이 어디서 비롯되는지, 그리고 구성원들의 창조성을 어떻게 증진할 수 있는지를 더 깊이 이해해야 한다.

이제 신화를 다시 쓸 차례다.

01

유레카 신화

EUREKA

요즘은 슬며시 찾아와 창조적 아이디어를 선사한다는 뮤즈에 관한 이야기를 언급하는 경우가 드물다. 하지만, 이야기의 성격은 그리 많이 바뀌지 않았다.

우리는 신의 계시가 등장하는 이야기를 좋아한다. 곤경에 빠져 있다가 극적으로 해법을 찾아내는 영웅의 이야기도 좋아한다. 설령 창조적 아이디어의 원천이 뮤즈가 아니라고 해도 우리는 창조적 통찰의 순간을 마치 외부에서 어떤 것이 나타난다는 식으로 묘사한다. 이렇듯 모든 창조적 아이디어가 '유레카'의 순간을 통해 등장한다는 통념이 바로 **유레카 신화**이다.

우리는 천재적 아이디어에 관한 이야기를 언급할 때 마치 그것이 갑자기 출현한다는 식으로 말한다. 그리고 통찰 이전에 기울인 끈질긴 집중 과정이나 통찰 이후에 일어나는 아이디어의 추후 개발 과정에 따른 노고를 쉽게 도외시한다. 이런 식의 이야기에서는 사람이 아니라 아이디어가 주인공인 경향이 있다. 어떤 측면에서 볼 때 우리가 이런 이야기를 좋아하는 이유는 아이디어가 부족한 자신의 처지를 합리화하려는 심리 때문인지 모른다. 즉 우리는 아직은 자신에게 아이디어가 찾아오지 않았지만 언젠가는 찾아올 것이라고 믿는 것인지 모른다. 그래서인지 우리는 나무에서 떨어진 사과와 뉴턴의 이야기 같은 유레카 신화를 좋아한다.

　모두들 뉴턴의 사과 이야기를 알고 있을 것이다. 어느 날 뉴턴이 사과나무 밑에 앉아 있었다. 자연계를 설명하는 법칙을 고민하던 중이었다. 그는 사과나무의 넓적한 가지에 등을 기대고 있었고, 사과나무는 그에게 영감을 선사했다. 사과 하나가 떨어져 머리에 맞는 순간 어떤 생각이 뇌리를 스쳤다. 그는 모종의 힘이 작용해 사과가 땅으로 떨어진다는 이론을 세웠다. 그는 사과를 끌어당기는 힘이 달을 끌어당겨 지구 주위를 돌도록 하는 힘과 동일하다고 봤다. 뉴턴은 유레카 순간을 맞이했고, 해답을 얻었다. 사과가 떨어졌고, 뉴턴은 중력의 법칙을 발견했다. 정말 흥미진진하고 그럴싸한 이야기가 아닐 수 없다. 이 때문에 뉴턴의 사과 이야기는 실제로 일어난 적이 없는 사건이었지만, 그토록 오랫동안 회자되었던 것이다.

　뉴턴의 사과 이야기를 가장 먼저 언급한 기록은 뉴턴보다 연하인 지인으로 훗날 뉴턴의 전기를 집필한 윌리엄 스터클리가 남긴 것이다. 스터클리가 뉴턴의 전기에서 밝힌 바에 따르면 두 사람은 뉴턴의 집에서 저녁을 먹고 난 뒤 차를 마시려고 정원으로 나갔다. 마침 정원의 사과나무에서 사과가 하나 떨어졌기 때문에 두 사람은 중력에 관해 이야기를 나눴다. 그들의 토론은 물체의 크기가 그것의 중력에 영향을 미친다

는 결론으로 마무리되었다.[8]

이것이 끝이다. 사과가 뉴턴의 머리에 떨어지지는 않았다. 갑자기 영감이 떠오르지도 않았다. 스터클리가 서술한 사과 사건은 뉴턴이 이미 중력에 관해 알고 있었던 바에 새로운 어떤 것을 보태줬다고 보기 어렵다. 물론 사과 사건은 뉴턴이 중력을 설명할 수 있는 수학 공식을 도출하는 작업에 나서는 계기가 되었을 수는 있다. 그러나 사과 사건이 볼테르[9]와 아이작 디즈레일리[10] 같은 유명 저술가들을 비롯한 수많은 사람들의 입에 오르내리면서 원래 정원에 떨어졌던 사과는 어느새 뉴턴의 머리에 떨어진 것으로 바뀌고 말았다.

뉴턴의 사과 이야기 다음으로 유명한 유레카 신화는 바로 아르키메데스의 목욕 이야기다. 사실 **유레카**라는 용어는 이 이야기에서 비롯되었다. 아르키메데스의 사촌인 히에론 왕이 아르키메데스에게 특별한 임무를 맡겼다. 히에론 왕은 금세공사가 순금으로 만들었다고 주장하는 왕관이 정말 순금인지 알고 싶었다. 히에론 왕은 왕관이 진짜인지 가짜인지 밝히되 왕관을 부수거나 녹이거나 자르지는 말라고 했다. 얼마간 고민하다가 아르키메데스는 잠시 쉴 겸 목욕을 했다. 그는 욕조에 물을 채운 뒤 들어갔다. 그런데 욕조에 몸을 담그자 물이 조금 넘쳤다. 그 순간 아르키메데스는 해답을 알아냈다. 왕관을 물에 담근 뒤 물이 넘치는 정도를 측정하면 왕관의 밀도와 성분을 알아낼 수 있다는 사실을 깨달은 것이다. 아르키메데스는 너무 기쁜 나머지 그 사실을 왕에게 알리기 위해 욕조 밖으로 뛰쳐나왔다. 알몸으로 왕궁을 향해 거리를 뛰어가면서 그는 "유레카!"라고 외쳤다고 한다. 유레카는 고대 그리스어로 "알았다!"라는 뜻이다.

아르키메데스의 유레카 아르키메데스는 목욕을 하다가 히에론 왕의 왕관이 금인지 아닌지를 밝힐 해답을 찾았고 "유레카"를 외치며 목욕탕을 뛰쳐나갔다고 한다.

뉴턴과 아르키메데스의 이야기는 실제로 일어난 일이 아닐 가능성이 크다. 그러나 진실이든 아니든 간에 두 이야기는 유레카 단계 이전의 노고를 외면하고 있다. 뉴턴의 경우 대부분의 역사적 증거에 의하면 그는 이미 중력이 행성의 운동에 미치는 영향에 관해 생각하고 있었다. 사과가 떨어진 사건은 기껏해야 뉴턴이 지구와 달 사이에 거대한 인력이 존재할 가능성과 행성처럼 생긴 작은 물체(이를테면 사과)에 대한 중력을 연관시키는 계기가 되었다고 볼 수 있다. 사과 사건 이후 7년이 흐른 뒤에야 비로소 뉴턴은 중력에 관한 수학적 설명을 완수했다. 아르키메데스의 사례에 대해서도 우리는 그가 목욕을 하기 전에 진행한 작업을 무시하는 경향이 있다. 아마 아르키메데스는 배수량으로 밀도를 측정하는 공식을 알고 있었을 것이다. 물론 목욕이 물의 양을 측정해 밀도를 계산하는 계기가 되었겠지만 말이다.

이 두 이야기는 가장 유명한 이야기이지만, 유레카 신화를 엿볼 수 있는 유일한 이야기는 아니다. 창조적 통찰이나 순간적 영감에 관한 이야기는 사람들 입에 오르내리는 과정에서 여러 부분이 누락된 듯하다. 뉴턴의 경우 그가 본인의 이야기를 언급하면서 몇몇 세부사항을 정리했을지 모른다. 일부 세부사항을 빼버리는 것은 확실히 재미의 측면에서 효과적인 연출이지만, 진실과는 거리가 멀다. 유레카 신화는 창조적 아이디어나 혁신적 돌파구를 확보하기 위한 지침의 측면에서 크게 기여하지 못한다. 오히려 유레카 신화는 아이디어 도출을 신의 섭리에 의한 것으로 환원시킨다. 즉 적당한 시간에 적당한 장소에 있으면 우리의 통제 범위를 벗어난 외부적 존재에 의해 아이디어가 스스로 모습을 드러낼 것이라는 식으로 말이다. 유레카 신화와 앞서 언급한 두 이야기에는 우리가 이런 통찰의 순간을 맞이할 수 있는 구체적인 방법이 담겨 있지 않다. 만일 어떤 일이 갑자기 일어난다면 우리 정신 내부의 어떤 부분이 그것을 촉발시키는가? 사과를 떨어뜨리거나 욕실 바닥으로 물이 넘치도록 하는 것 외에 창조적 계시를 유도하기 위해 우리 스스로 할 수 있는 어떤 역할이 있어야 한다.

심리학자 미하이 칙센트미하이는 바로 그 어떤 역할을 탐색해 왔다. 최근 수행한 연구 프로젝트 가운데 하나에서 그는 작가 로버트슨 데이비스와 저명한 과학자 라이너스 폴링과 조너스 소크를 포함한 91명의 유명한 창조적 인물들의 사고 과정을 조사했다. 칙센트미하이는 심리학적 검증이나 뇌 영상을 통해 그들의 정신적 작용에 초점을 맞추는 대신 그들이 자신의 사고 과정을 어떻게 바라보는지에 집중했다. 칙센트미하이의 목표는 그들이 스스로 어떻게 창조적 통찰에 도달한다고 생각하는지를 이해하는 것이었다. 요컨대 그는 유레카 순간에 도달하는 방법을 알고 싶었다. 물론 그들이 유레카 순간에 도달한다고 가정하고 말이다. 결국 그는 자신이 연구한 거의 모든 인물들이 준비, 숙성, 통찰, 평가, 정교화 등의 다섯 가지 단계로 구성된 창조 과정을 공유하는 점을 발견했다.[11] 물론 칙센트미하이가 제시한 다섯 가지 단계에는 마치 모든 조각을 맞춰 퍼즐을 완성하는 것처럼 느껴지는 통찰의 순간이 포함되어 있다. 그러나 유레카 신화는 이 통찰을 우연한 사건에 의해 떠오르는 것으로 여기는 반면, 칙센트미하이는 통찰의 순간을 더 폭넓고 더 정교한 과정의 한가운데에 배치했다. 그 과정에는 우리가 흔히 간과하는 단계가 포함되어 있다. 그것은 바로 숙성이다.

숙성은 잠시 작업에서 한걸음 물러나 있는 단계다. 여러 창조적 인물들은 의도적으로 잠시 프로젝트에서 손을 떼고 육체적 휴식을 취한다. 그들은 그 숙성 단계를 준비 단계에서 확보된 지식이 소화되고 의식적 정신의 문턱 아래에서 아이디어가 무르익기 시작하는 때로 간주한다. 실제로 어떤 창조적 인물들은 여러 가지 프로젝트를 동시에 다루기도 한다. 그들은 자신의 의식적 정신이 하나의 프로젝트에 집중하는 동안 나머지 프로젝트들이 무의식에서 숙성된다고 생각한다. 사실 이런 접근법은 뉴턴과 아르키메데스의 유레카 순간보다 더 쉽게 찾아볼 수 있다. 에디슨, 미켈란젤로, 다윈, 반 고흐, 다빈치 등은 모두 이쪽저쪽을 정기적으로 오가면서 동시에 여러 가지 프로젝트를 다뤘다.[12] 칙센트미하이의 연구는 이 점을 고려한 것으로 설령 의식적 정신이 한 번에 단 하나의 대상에만 초점을 맞출 수 있다고 해도 무의식적 정신이 다양한 아이디어의 동시적 숙성을 유도할 수 있다는 주장이다. 그는 다음과 같이 쓰고 있다.

"숙성 단계에서 일어나는 일에 관한 인지적 설명은 우리가 그것을 인식하지 못할 때, 우리가 잠들어 있을 때도 모종의 정보처리 과정이 지속된다고 가정한다."[13]

며칠이나 몇 년이 될 수 있는 숙성 단계가 일단 진행되면 결국 통찰 단계에 진입할 것이다. 그 시점이 바로 '유레카'의 느낌이 드는 때, 숙성을 거친 아이디어가 마침내 검증과 실천이 가능한 해법으로 탈바꿈하는 때다. 통찰은 마치 불쑥 떠오르는 것처럼 느껴질 때도 있고, 해당 프로젝트에 집중하다가 떠오를 때도 있다.

칙센트미하이보다 먼저 이런 창조 과정에 관한 일련의 단계를 제시한 사람이 있다. 19세기 후반, 프랑스 수학자 앙리 푸앵카레는 창조적 발견의 과정을 준비, 숙성, 해명, 검증 등의 네 가지 단계로 설명하려고 했다. 푸앵카레의 네 가지 단계는 칙센트미하이가 연구한 창조적 인물들이 묘사한 다섯 가지 단계와 흡사하다. 둘 다 해명의 순간moment of illumination과 검증의 필요성을 인정하지만, 아마 숙성 단계가 가장 큰 공통점일 것이다. 푸앵카레와 칙센트미하이는 유레카 순간이 그냥 찾아오지는 않는다고 주장했다. 그들에 따르면 유레카 순간 이전에는 연구와 준비가 있어야 하고, 유레카 순간은 일정 기간의 정신적 분산 이후에 찾아온다.

푸앵카레와 칙센트미하이의 숙성 개념이 옳다면 숙성 단계의 존재를 경험적으로 입증할 수 있을 것이다. 그리고 연구 결과 실제로 입증 가능한 것으로 드러났다. 하지만 입증하기가 워낙 어려웠기 때문에 연구자들은 최근에야 비로소 숙성의 효과에 대한 명확한 증거를 발견했다.

시드니 대학교 정신 센터의 심리학 연구원들은 90명의 심리학과 학생들을 3개 집단으로 나눠 실험을 진행했다.[14] 각 집단에는 일상적인 물건의 용도를 되도록 많이 생각해 작성해야 하는 **대용 시험**alternate use test이라는 과제가 할당되었다. 실험 참가자들은 종이 1장의 용도를 가능한 많이 생각해내야 했다. 참가자들이 떠올린 독창적인 용도의 개수는 창조성의 중요한 요소인 확산적 사고의 척도로 간주되었다. 첫 번째 집단은 4분 동안 과제를 수행했다. 두 번째 집단은 2분 동안 원래의 과제를 수행하다가 갑자기 용도 목록의 각 단어와 비슷한 말을 생각해내라는 제2의 과제를 부여받았고(제2의 과제도 창조성이 필요한 과제로 간주되었다), 다시 2분 동안 원래의 과제를 완수하라는 지시를 받았다. 마지막 집단은 2분 동안 원래의 과제를 수행하다가 갑자기 마이어브릭스 유형 지표Myers-Briggs Type Indicator를 작성하라는 과제를 부여받았고(마이어브릭스 유형 지표는 원래의 과제와 전혀 무관한 과제로 간주되었다), 다시 2분 동안 원래의 대용 시험 과제를 수행해야 했다. 결과적으로 모든 집단은 4분 동안 종이 1장의 용도를 되도록 많이 생각해내야 했다. 연구팀은 4분 연속으로 과제를 수행한 첫 번째 집단, 중간에 원래의 과제와 관계 있는 제2의 과제를 수행함으로써 숙성의 단계를 거친 두 번째 집단, 중간에 원래의 과제와 무관한 또 다른 과제(마이어브릭스 유형 지표)를 수행하면서 숙성의 단계를 밟은 세 번째 집단의 창조성을 각각 비교했다. 비교 결과 세 번째 집단이 4분 동안 평균 9.8개로 가장 많은 아이디어를 내놓았다. 다음은 두 번째 집단으로 평균 7.6개의 아이디어를 내놓았다. 마지막은 4분 내내 원래의 과제를 수행한 첫 번째 집단으로 평균 6.9개의 아이디어를 내놓았다. 연구팀은 겨우 몇 분 동안의 짧은 숙성 기간도 개인의 창조적 산출량을 현저하게 향상시킬 수 있다는 결론을 내렸다.

캘리포니아 대학교 샌타바버라 캠퍼스의 심리학자 벤저민 베어드도 비슷한 연구를 시도했다. 사고 과정에서의 의식적 관심의 역할에 초점을 맞춘 그의 연구에는 앞서 언급한 시드니 대학교의 실험에 참가한 사람들의 정신적 숙성 단계를 엿볼 수 있는 실마리가 담겨 있다.[15] 베어드의 연구에서 참가자들은 앞서 언급한 실험의 참가자들이 치른 대용 시험과 비슷한 일련의 시험 과제를 수행했지만, 숙성을 위해 원래의 과제와 관계 있거나 관계없는 제2의 과제를 수행하는 대신에 인지적 긴장감이 있는 과제나 인지적 긴장감이 없는 과제를 수행했다. 인지적 긴장감이 있는 과제의 경우 단기기억과 인지적 처리가 필요했다. 반면 인지적 긴장감이 없는 과제에는 반응 시간만 요구되었다. 대조군對照群은 일시적인 휴식 과제 없이 오로지 창조적 문제만 다뤘다. 숙성 과제를 수행한 뒤 참가자들은 숙성 과제를 수행하는 동안(이를테면 개인적 고민, 과거의 사건, 향후 계획 같은) 잡념이 떠오른 빈도를 측정하는 설문지를 받았다. 그 결과 인지적 긴장감이 없는 숙성 과제를 수행한 참가자들이 인지적 긴장감이 있는 숙성 과제를 수행한 참가자들보다 잡념이 훨씬 많이 떠올랐다고 응답했다. 잡념이 가장 많이 떠오른 사람들은 창조성 측면에서 점수가 상대적으로 높았다. 그들은 일상적인 물건의 용도를 비교적 많이 생각해냈다. 베어드와 연구팀은 잡념이 떠오를 수 있는 숙성 기간이 창조성을 크게 향상시킨다는 점을 입증했다. 그것은 정기적으로 잡념이 떠오르는 사람들이 상대적으로 더 창조적일지 모른다는 의미다. 그런 정신적 방랑자들은 숙성의 위력을 잘 활용한 것 같다.

숙성이 유레카 순간을 초래하거나 창조성을 증진시키는 까닭에 대해서는 다양한 설명이 있다. 일단 우리에게 정신적 휴식 기회를 제공하기 때문이라는 설명이 있다. 그 밖에 널리 알려진 설명 중 하나는 '선택적 망각'이다. 복잡한 문제를 부여받을 때 우리의 정신은 궁지에 몰릴 수 있고, 생각을 거듭하는 특정 통로를 처음부터 끝까지 거슬러 올라간다. 어떤 문제를 계속 다루다보면 기존의 해법에 집착하게 될 수 있다. 예를 들어 종이 1장의 용도를 생각해내는 과제가 주어질 경우 새로운 용도는 생각나지 않고 계속 동일한 용도만 떠오를 수 있다. 문제에서 한 걸음 물러나 전혀 다른 문제에 초점을 맞추면 우리의 정신은 동일한 해법에 대한 집착에서 벗어나고 과거의 통로를 기억 저편으로 몰아낼 시간을 벌 수 있다. 그런 다음 원래의 문제로 회귀하면 정신은 새로운 가능성에 한층 열린 태도를 취할 수 있다. 우연한 사건이나 관찰이 이런 회귀를 유발할 때 그 순간은 마치 뉴턴과 아르키메데스의 이야기에서 말하는 유레카 순간처럼 느껴질 수 있다.

숙성 기간 이후에 뉴턴은 중력 공식의 실마리를 찾았고, 아르키메데스는 왕관의 진위 여부를 판명할 방법을 발견했을 가능성이 높다. 그들은 정신적 휴식을 취했고, 우발적 관찰을 통해 원래의 문제로 돌아왔으며, 덕분에 우연히 새로운 가능성을 발견할 수 있었다. 해법 발견의 주역은 떨어진 사과나 넘쳐흐른 목욕물이 아니라 숙성이었다. 그런데도 이토록 유레카 이야기가 회자되는 까닭은 무엇일까? 아마 역사에는 이야기 중심적인 특징이 있기 때문이겠고, 떨어진 사과와 넘쳐흐른 목욕물 이야기가 사건의 진상보다 훨씬 더 솔깃하기 때문일 것이다.

1930년대에 노먼 마이어는 우리가 통찰의 순간을 돌발적 영감으로 간주하는 이유를 설명하기 위한 실험을 진행했다.[16] 마이어는 연구 생활의 대부분을 미시간 대학교에서 보냈던 저명한 실험 심리학자였다. 통찰의 순간을 다룬 실험에서 참가자들은 끈, 장대, 탁자, 의자 같은 물건이 비치된 넓은 방에 들어갔다. 방의 천장에는 기다란 밧줄 2개가 매달려 있었는데 하나는 방 한가운데에, 다른 하나는 벽 쪽에 드리워져 있었다. 2개의 밧줄은 꽤 길었지만, 하나를 잡은 채 걸어가 다른 하나를 잡을 만큼 길지는 않았다. 마이어는 각 참가자에게 2개의 밧줄을 서로 연결하라고 말했다. 즉 2개의 밧줄을 서로 연결하는 방법을 되도록 많이 생각해내라는 주문이었다.

마이어가 제시한 과제는 여러 가지 해법이 있었고, 실제로 대다수 참가자들은 아주 쉽게 세 가지 해법을 내놓았다. 참가자 대부분이 떠올린 방법은 다음과 같았다. 첫째, 밧줄 하나를 반대편 밧줄 쪽으로 최대한 당겨 탁자나 의자 같은 가구에 묶은 뒤 나머지 밧줄을 잡아당겨 2개를 연결한다. 둘째, 끈을 밧줄 하나와 묶은 뒤 나머지 밧줄과 연결한다. 셋째, 밧줄 하나를 장대에 묶어 나머지 밧줄 쪽으로 끌어당겨 연결한다. 대다수 참가자들은 이 세 가지 해법을 생각해낸 반면, 몇몇 참가자들은 제4의 해법을 내놓았다. 즉 그들은 밧줄 하나를 그네처럼 좌우로 흔들리도록 한 다음 나머지 밧줄을 잡은 뒤 다시 원래의 밧줄 쪽으로 걸어와 그 밧줄이 다가올 때 잡는 방법을 생각해냈다. 마이어는 제4의 해법에 도달하지 못한 대부분의 참가자들에게 약간의 실마리를 제공했다. 실험이 시작된 지 10분이 흐르자 그는 밧줄 하나와 '우연히' 부딪힘으로써 밧줄이 살짝 흔들리도록 했다. 그 미묘한 동작을 목격한 뒤 참가자들 대부분은 제4의 해법을 떠올렸다. 그런데 놀랍게도 마이어가 모든 참가자들에게 제4의 해법을 어떻게 생각해냈는지 묻자 단 한 사람만 마이어가 밧줄과 우연히 부딪힌 순간을 언급했다. 반면 나머지 참가자들은 순간적인 통찰 덕분으로 돌렸고, 나무 사이를 왕래하는 원숭이나 놀이터의 그네 같은 것과 결부시켜 설명했다. 마이어의 실험은 대다수 심리학자들이 **작화**作話로 부르는 것의 생생한 사례이다. 사실 사람들은 미지의 행위에 대한 설명을 잽싸게 지어내는 경향이 있다. 작화는 떨어진 사과 같은 이야기가 생겨난 까닭이기도 하다. 숙성을 거쳐 미지의 원천으로부터 통찰에 도달할 때 사람들은 더 흥미롭고 그럴싸한 이야기를 지어낸다.

유레카 신화에 대한 경험적 설명은 혁신을 둘러싼 진실을 이해하는 데 필수적이다. 하지만 뉴턴도 아르키메데스도, 칙센트미하이의 창조적 사고 과정에 포함된 나머지 단계들을 거치지 않았다면 유레카 순간에 결코 도달하지 못했을 것이라는 점을 기억해야 한다. 적절한 준비 단계를 밟지 않았다면 두 사람은 결코 올바른 해법을 내놓지 못할 것이다. 마찬가지로 평가와 정교화 단계를 거치지 않았다면 그들이 내놓은 아이디어의 타당성을 입증할 수 없었을 것이고, 자칫 중력 공식은 빛을 보지 못했을지 모른다. 또한 숙성과 그에 따른 정교화 단계를 거치지 않았다면 우리는 또 하나의 획기적인 혁신을 맞이하지 못했을 수 있다. 그것은 바로 포스트잇 노트다.

1966년, 젊은 화학자 스펜서 실버가 쓰리엠3M(미네소타 마이닝 앤드 매뉴팩처링 컴퍼니)의 연구개발 부서에 입사했다. 2년 동안 여러 가지 프로젝트에 참여한 뒤 그는 회사의 기존 제품군 가운데 하나인 접착제를 개량하는 문제에 관심을 돌렸다. 이후 그는 5년 동안 간헐적으로 그 프로젝트를 진행했지만, 품질이 좋은 접착제를 개발하지 못했다.[17] 적절한 제조법을 끈질기게 고민했지만 그는 기존 제품보다 접착력이 낮은 제품만 만들어냈다. 그는 품질이 떨어지는 접착제도 나름의 용도가 있을 것으로 생각했지만, 그것이 정확히 무엇인지 알 수 없었다. 하지만 그는 포기하지 않았다. 실버는 그 제품을 회사 사람들에게 최대한 많이 소개하면서 그들이 새로운 용도를 발견해주리라 기대했다. 그러나 안타깝게도 그에게 도움이 될 만한 사람은 나타나지 않을 것 같았다.

실버는 언젠가 화공학 기술자인 아트 프라이에게 그 제품을 소개한 바 있었다. 아트 프라이는 교회 성가대 단원이기도 했다. 평소 그는 찬송가집의 페이지를 깔끔하게 표시하는 방법을 고민하고 있었다. 책갈피를 써도 됐지만, 책갈피는 찬송가집을 펼치면 밑으로 떨어지기 일쑤였다. 그러던 어느 일요일 아침, 그는 예배를 보다가 문득 스펜서의 접착제가 떠올랐고, 그것을 이용한 책갈피를 만들면 어떨까 하는 생각이 들었다. 만일 책갈피 표면에 실버의 접착제를 칠할 수 있다면 찬송가집에서 떨어지지 않은 채 페이지를 깔끔하게 표시할 수 있고, 접착력이 약하니까 나중에 떼어내면 되지 않을까? 얼마 뒤 프라이는 실버에게 연락했고, 이후 2년 동안 두 사람은 반영구성 책갈피의 견본을 제작하는 일을 비공식적인 예비 프로젝트로 진행했고, 마침내 실버의 집 지하실에 제조시설을 마련했다. 그 뒤로 7년 동안 연구에 몰두한 끝에 그들은 쓰리엠 내부의 사람들에게 견본을 보여줬다. 반응은 긍정적이었다. 쓰리엠 관계자들은 탈착이 가능한 그 책갈피를 좋아했고, 금세 소문이 퍼졌다. 그러나 문제가 하나 있었다. 두 사람이 만든 책갈피는 대부분 한 번만 사용되었다. 사람들은 책갈피를 붙인 뒤 다시 책을 읽을 때까지 책꽂이에 넣어뒀다. 나중에 책갈피를 다시 써야 할 때는 원래의 책에서 책갈피를 떼어내어 다른 책에 붙였다. 결국 그 책갈피는 기능은 뛰어났지만, 시장 수요를 입증할 만큼 자주 사용되지는 않았다.

몇 주 뒤 프라이는 책갈피와 무관한 다른 프로젝트를 진행하다가 또다른 통찰에 도달했다. 그는 상사에게 제출할 보고서를 검토하고 있었는데 특정 단락의 내용이 마음에 걸렸다. 보고서에 별도의 메모를 남기거나 전화를 하는 대신에 그는 자신이 개발한 탈착식 책갈피를 이용했다. 그는 책갈피에 의문점을 적은 다음 보고서에 붙여서 상사에게 제출했다. 얼마 뒤 상사는 보고서를 읽고 프라이에게 다시 보내왔다. 놀랍게도 상사는 프라이의 의문점에 대한 답변을 탈착식 책갈피에 적은 뒤 원래 프라이가 붙여둔 책갈피 바로 위에 붙여뒀다. 프라이는 그것이 의사소통 수단으로 활용될 수 있다는 사실을 깨달았다. 탈착식 책갈피는 동료들에게 전하는 쪽지로 쓸 수 있었고, 여러 사람의 눈에 쉽게 띄는 장소에 부착할 수도 있었다. 프라이는 자신과 실버의 두 번째 발견을 회상하면서 이렇게 말했다.[18]

"커피를 마시다가 우리는 '옳지!' 라고 생각했다. 그것은 단순한 책갈피가 아니었다. 그것은 전혀 새로운 접근법이었다."

프라이는 메모지로 이용하라는 당부와 함께 책갈피를 회사 전체에 배포했다. 몇 주 뒤 쓰리엠의 모든 사무실은 조그만 정사각형 종이로 뒤덮였다.

실버가 '품질 나쁜 접착제'를 개발한 지 12년이 흐른 1980년, 쓰리엠은 포스트잇 노트를 시장에 내놓았다. 표면적으로는 이 성공담도 또 다른 유레카 순간 이야기처럼 들린다. 그러나 칙센트미하이의 5단계 창조적 사고 과정에 비춰 생각해 보자. 실버와 프라이는 준비 단계에서 최대한 오랜 시간을 보냈다. 그들은 제조법을 실험했고, 제조 과정을 고민했으며, 여러 동료들의 의견을 구했다. 그것은 예비 프로젝트였기 때문에 두 사람은 주요 프로젝트에 집중해야 했고, 결과적으로 예비 프로젝트는 숙성 기간을 거칠 수밖에 없었다. 프라이가 접착제를 바른 종이를 책갈피로 사용하면 어떨까 하는 첫 번째 통찰에 도달한 것은 숙성 기간에 일어난 일이었다. 프라이는 실버와 함께 자신의 첫 번째 통찰을 평가했지만, 결과는 신통찮았다. 괜찮은 제품이었지만 시장성이 크지 않았다. 이후 다시 숙성 기간에 접어든 프라이는 두 번째 통찰에 도달했다. 책갈피를 메모지로 활용하는 것이었다. 두 사람은 다시 평가와 정교화 단계를 거쳤고, 결과는 고무적이었다. 첫 번째와 두 번째 통찰에 도달한 뒤에도 유레카 순간의 통찰이 시장성 있는 제품으로 연결될 수 있는지의 여부를 검증하기 위해서는 아직 많은 작업이 필요했다.

우리는 뉴턴의 사과 이야기나 아르키메데스의 목욕물 이야기처럼 순간적인 영감에 관한 이야기를 좋아한다. 그러나 포스트잇 노트의 경우에서 알 수 있듯이 그런 찰나의 지혜는 사실 폭넓은 창조적 작업 과정의 일부분이다. 그 과정에 포함된 각 단계는 혁신에 필수적이다. 준비 단계가 없으면 우리의 정신은 창조적 작업에 나설 자원을 충분히 확보하지 못한다. 숙성 단계를 밟지 않으면 효과 없고 결코 통찰로 이어지지 않는 해법에 집착할 수 있다. 통찰에 도달한 뒤에도 우리는 자신의 아이디어를 평가해야 하고, 정교하게 다듬어야 한다. 유레카 신화는 사람들에게 혼란을 줄 수 있다. 유레카 신화에 심취한 사람들은 영감의 순간이 찾아오기를 기다리면서 나무 밑이나 욕조 안에 앉아 있을 수 있다. 숙성이 들려주는 교훈은 창조적 과제나 어려운 문제의 해결에 전념하라는 것이고, 그러다가 난관에 봉착할 경우에는 잠시나마 정신적 피로를 푸는 차원에서 다른 것에 눈길을 돌리라는 것이다. 그렇게 하면 다시 원래의 문제로 돌아올 때 새로운 해법이 보일지 모른다.

02
별종 신화
BREED

창조성은 뮤즈의 선물도 아니고 빛나는 통찰의 형태로 소수에게만 찾아가는 것도 아니지만, 창조적인 사람은 여전히 선택받은 부류처럼 보인다. 우리가 유달리 창조적인 존재로 여기는 사람들은 특별한 혈통을 타고난 것 같다. 그들은 우리와 전혀 다른 존재인 듯하다. 심지어 그들은 겉모습까지 달라 보일 때가 있다. 그들은 일반인들과 외양이나 행동이 너무 달라 보인다. 그래서 우리는 그들이 내면도 다를 것이라고 짐작하기 쉽다. 이런 관념이 바로 내가 **별종 신화**로 부르는 것이다.

별종 신화는 창조적인 사람들이 일반인들과 다른 부류라는 관념, 혹은 그들의 창조성이 유전 암호에 담긴 모종의 요소 때문이라는 관념이다. 우리는 어떤 사람들은 창조성을 타고난 반면, 다른 사람들은 그렇지 않다고 믿고 싶어 한다. 우리는 예술과 디자인 분야의 유달리 창조적인 사람들은 평범한 스타일을 고수하지 않는다고 여긴다. 그런데 그들은 특별하다는, 혹은 그들은 우리에게 없는 것을 갖고 있다는 믿음은 우리가 그들만큼 혁신적이지 못한 점을 합리화하기 위한 안전장치로 볼 수 있다. 만일 우리에게 창조적 유전자가 없다면 우리는 새로운 아이디어를 내놓으라는 요구를 받을 때마다 그 안전장치를 내밀며 핑계를 댈 수 있다. 즉 우리는 "난 창조적이지 못하니까"라고 말하면서 혁신적으로 사고할 책임을 회피할 수 있다.

심지어 '창조형'과 '정장형'을 뚜렷이 구분하는 조직도 여럿 있다. '정장형'은 회계, 금융, 운영, 관리 같은 전통적인 분야를 담당한다. '창조형'은 마케팅, 광고, 디자인 같은 부서에서 찾아볼 수 있다. 창조형은 쉽게 눈에 띈다. 그들은 정장을 거의 입지 않는다. 여러 조직에서 이들 부서는 서로 독립적으로 활동하고, 심지어 각 부서에 적용되는 규칙이 다를 때도 있다. 미국의 경우 창조형과 정장형의 구분이 기업의 직원 봉급 명부를 처리하는 방식에도 영향을 미치고 있다. 현재의 미국 세법에서는 납세자의 직무적 성격이 '창조성'의 정의를 충족할 경우 기업은 연방 최저임금 및 초과근무 규정을 면제받는다.[19] 미국 노동부는 사실상 전통적 직업과 창조적 직업을 구분하고 있다. 전통적 직업에는 '지성, 근면성, 정확성'에 의존하는 직무가 포함되는 반면, 창조적 직업은 '고안, 상상, 독창성, 재능'과 관계 있다. 미국 국세청IRS도 이 문제를 언급하고 있는 것을 보면 확실히 창조형과 정장형 사이의 간격은 넓고 뿌리 깊다 하겠다.

창조형과 정장형의 구분은 조직 내부의 개인 차원을 넘어선다. 흔히 우리는 업종을 여러 가지로 나누고, 특정 업종에 '창조적'이라는 딱지를 붙인다. 이런 구분은 대체로 한 지역이나 국가의 경제를 분석하기 위한 것이지만 특정 업종은 창조적인 사람들로 가득한 반면, 다른 업종에는 비창조적인 사람들이 몸담고 있다는 믿음의 좋은 실례이기도 하다. 디자인 회사와 연예기획사의 업무 현황을 통해 창조성을 확인하기는 쉽다. 반면, 월마트 같은 장소에서 창조성을 인지하기는 훨씬 어렵다. 그러나 월마트에서도 제품가격 결정과 공급망 관리 같은 분야에서의 과감한 혁신이 이뤄지고 있다.

이런 구분은 별종 신화가 이토록 끈질기게 남아 있는 이유를 해명해준다. 이런 구분에 의존하고 있기 때문에 우리는 어떤 사람들은 놀라울 정도로 창조적이고 나머지 사람들은 그렇지 않은 간단한 이유를, 이왕이면 생물학적인 이유를 알고 싶어 한다. 아마 가장 효과적인 일화는 알베르트 아인슈타인의 뇌를 둘러싼 이야기일 것이다. 아인슈타인이 사망한 뒤 그의 뇌는 적출되어 보관되었다(하지만 그는 유언을 통해 화장을 당부했다).[20] 심리학자들과 의사들은 그의 비범한 창조성과 재능에 대한 생물학적 근거를 발견하기 위해 그의 뇌를 면밀히 조사했다. 하지만 그의 뇌와 일반인의 뇌 사이의 뚜렷한 차이는 거의 발견되지 않았다. 딱 하나 다른 점은 있었다. 즉 놀랍게도 그의 뇌 용량은 오히려 일반 남성의 뇌 용량보다 상당히 **작았다**. 그것은 연구진들이 기대했던 바가 아니었다. 따라서 관련 연구는 아직 계속되고 있다.

1950년, J. P. 길포드 박사는 연구자들에게 창조성이 어디서 비롯되는지, 그리고 창조적인 사람들이 특별한 부류인지 아닌지를 규명할 것을 주문했다. 때마침 그는 미국심리학회 회장에 선출되었고, 저명한 심리학자들의 모임을 이끌 수장으로서 취임식에 참석해 기조연설을 할 예정이었다.[21] 관행에 따르면 미국심리학회 회장의 연설은 심리학적 연구가 더 필요한 특별한 문제에 대한 관심을 환기시키는 기회로 간주된다. 길포드는 거의 평생 동안 심리학을 연구했고, 미군에서 사용하는 대규모 심리검사를 개발한 바 있었다. 취임식 날 그는 청중 앞에 서서 미국 심리학회가 관심을 기울여야 할 향후 분야가 창조성이라고 선언했다.

당시 창조적인 사람이나 창조 과정에 관한 심리학적 연구는 거의 수행된 바 없었고, 대다수 사람들은 창조적인 사람들에 대한 증명되지 않은 고정관념을 갖고 있었다. 창조적인 사람들은 흔히 멀리 떨어진 외로운 작업실이나 황야의 오두막에 은거한 채 연구에 몰두하는 장발의 신경증 환자로 치부되었다. 길포드의 선언은 그런 고정관념의 타당성에 의문을 제기했다. 그가 촉구한 연구의 취지는 창조적인 사람에 관한 대부분의 편견이 얼마나 엉터리인지 입증함으로써 창조 과정을 심리학적으로 설명할 수 있는 수단을 개발하는 것이었다. 그러나 길포드의 연설 이후 수십 년이 지났지만, 아직 이런 고정관념의 흔적은 끈질기게 남아 있다.

창조적 작업에 특화된 특정 부류의 사람들이 존재한다면 우리는 성격과 유전적 요소를 조사함으로써 그런 사람들을 확인할 수 있을 것이다. 어떤 사람들은 얼핏 무관해 보이는 개념을 서로 연결하거나 창조 행위에 따른 평가를 기꺼이 감수하는 데 유리한 성격적 특징을 지니고 있을 것이다. 당연히 어떤 사람들의 유전 암호에는 그들에게 창조성을 부여하는 성격적 특징이 표현되어 있을 것이다. 다행스럽게도 심리학자들과 유전학자들뿐만 아니라 창조성 연구자들도 바로 이런 가정에 따라 연구를 진행하고 있다.

길포드의 기조연설 직후에 창조적인 사람들의 성격적 공통점에 관한 연구가 시작되었다. 이 초기의 연구 중에서 가장 두드러진 연구의 주역은 캘리포니아 대학교 버클리 캠퍼스의 성격 평가 및 연구 센터였다.[22] 성격 평가 및 연구 센터는 우선 각 분야 전문가들에게 해당 분야에서 가장 창조적인 사람들을 추천받았다. 이후 그들이 추천한 사람들은 버클리 캠퍼스에 초대되어 주말 동안 머물면서 연구에 협조했다. 일정은 대부분 함께하는 식사나 비공식적인 토론으로 채워졌지만, 연구자들은 그들을 대상으로 다양한 검사를 실시했고, 그들 중 다수가 평균 이상의 지성, 새로운 경험에 대한 개방적 태도, 균형 잡힌 성격, 복잡성에 대한 호의적 자세 따위의 공통적인 특징을 갖고 있음을 발견했다. 그런 특징은 그들과 일반인들을 구분할 때 도움이 되었지만, 창조적인 사람들과 비창조적인 사람들을 구분하는 요소를 확정하기에는 역부족이었다. 성격 평가 및 연구 센터가 작성한 목록에는 공통적인 특징이 담겨 있었지만, 그 특징들은 전혀 일정하지 않았다. 따라서 일반인들과 비교할 만한 근거가 없었다. 성격 평가 및 연구 센터가 내놓은 조사 결과로는 창조적인 사람들과 평범한 사람들을 구분하는 요소가 무엇인지, 심지어 그들이 그렇게 다른 존재인지조차 알 수 없었다. 그런 비교는 몇 년 뒤 다른 연구진의 연구를 통해 가능해졌다.

이후 성격 연구 분야는 점점 발전했고, 마침내 창조적 부류와 비창조적 부류를 쉽게 비교할 수 있는 표준적인 측정 시스템이 개발되었다. 가장 널리 사용된 측정법은 성격 5요인 모형('빅 파이브Big Five'로 부르기도 한다)이다. 성격 5요인 모형은 1960년대에 처음 개발되었지만 1980년대 들어서 보편화되었다. 이것은 경험적 개방성, 양심성, 외향성, 친화성, 신경과민성 등의 다섯 가지 기준으로 개인의 성격을 평가한다. 기업에서 자주 이용하는 DISC 성격 유형 검사나 마이어 브릭스 검사처럼 개인을 특정 유형으로 분류하는 대신에 성격 5요인 모형 검사는 개인의 성격을 앞서 소개한 다섯 가지 기준에 따른 점수로 표시한다. 개인을 몇 가지 고정적인 범주 가운데 하나에 포함시키지 않는 이 검사는 개인 간의 미묘한 성격적 차이를 드러낸다. 창조적 성격의 비밀을 파헤치는 과정에서 연구자들은 결국 창조적 인재들과 일반인들(비창조적인 사람들로 추정된다)의 성격 점수를 비교할 수 있는 성격 5요인 모형을 채택하게 되었다. 만일 창조적인 사람들이 몇몇 기준에서 평균보다 높은 점수를 기록하는 경향이 있다면 우리는 창조적 성격의 원형을 확인하기 시작할 수 있을 것이다. 그러나 창조적 성격에 관한 증거는 기껏해야 서로 뒤섞여 있다. 경험적 개방성은 창조성과 가장 밀접한 상관관계를 나타내는 반면, 나머지 기준과 창조성이 연관되어 있다는 확실한 증거는 거의 없다.[23] 이런 결과는 창조성이 한 가지 성격의 배타적 영역이 아니라는 의미이다. 즉 특정한 창조적 성격 유형은 존재하지 않는다.

별종 신화의 타당성을 확인하려면 이제 성격을 뒤로하고 유전적 요소에 주목하는 편이 좋겠다. 유전자를 발견하고 유전자 지도를 작성한 이래 과학자들은 인간 행위의 상당 부분을 해명할 수 있는 유전적 실마리를 줄기차게 탐색해 왔다. 우리는 인간 행위가 타고난 생물학적 요인에 기인하는 것으로 여기고 싶어 하고, 유전적 요소에는 우리가 그렇게 여길 만한 가능성이 있어보인다. 우리는 본성이 양육적 요소보다 앞설지 모른다는 믿음에 이끌린다. 우리는 음악성 유전자, 비만 유전자, 그리고 심지어 창조성 유전자도 찾아내려고 한다. 이런 생물학적 설명은 감히 이의를 제기하기 어렵다. 그리고 만일 창조성이 유전자에 의해 결정된다면 일단 자기가 창조성을 타고났는지의 여부를 확인한 사람은 처음부터 적절한 진로를 선택할 수 있을 것이다. 태어날 때 창조성이 결정된다면 창조성을 증진하고 싶은 기업은 창조성 복권에 당첨된 직원이 누구인지 확인만 하면 된다.

만일 유전적 요소가 창조성, 음악성, 혹은 다른 성격적 특징에 미치는 영향을 연구하고 싶다면 우선 가정을 조사 대상으로 삼아야 할 것이다.[24] 그러나 여기에도 난점은 있다. 전형적인 가정의 경우 아이들은 동일한 양육 방식을 경험하고, 그들의 유전자는 동일한 부모로부터 물려받는다. 그런데 아이들은 동일한 가정에서 자라지만, 형제자매의 유전자적 유사성은 50퍼센트에 불과하다. 그런 상황에서는 유전자의 영향과 양육의 영향이 서로 촘촘하게 엮여 있기 마련이다. 그러므로 본성에서 비롯될 수 있는 영향과 양육에서 비롯될 수 있는 영향을 구별하기 어렵다. 하지만 구별이 가능한 가정도 있다. 그것은 바로 쌍둥이를 둔 가정이다.

표면적으로는 쌍둥이를 둔 가정도 유전적 영향을 밝히려는 연구와 관련해 일반 가정과 동일한 난점을 갖고 있는 것처럼 보인다. 즉 전자도 후자처럼 생물학적 요소와 양육적 요소가 무척 밀접하게 엮여 있다. 그렇지만 쌍둥이에는 정확히 동일한 유전 암호를 공유하는 일란성 쌍둥이와 유전적 유사성이 50퍼센트에 불과한 이란성 쌍둥이가 있기 때문에 일란성 쌍둥이와 이란성 쌍둥이의 대규모 표본을 조사해 유전적 요소에 기인한 특징과 후천적 경험에 기인한 특징에 관한 근거 있는 주장을 펼칠 수 있고, 본성과 양육의 영향을 비교할 수 있다. 만일 일란성 쌍둥이가 창조성과 관련한 성격적 특징의 측면에서 이란성 쌍둥이에 비해 유사성이 많으면 원인은 본성일 가능성이 높다. 반대로 일란성 쌍둥이의 유사성과 이란성 쌍둥이의 유사성 사이에 뚜렷한 차이가 발견되지 않으면 원인은 양육일 공산이 크다. 창조성과 유전적 요소를 연구하려면 일란성 쌍둥이와 이란성 쌍둥이의 대규모 표본이 있어야 한다.

1973년, 심리학자 마빈 레즈니코프가 이끈 연구진이 바로 이 점에 주목했다. 그들은 코네티컷 주 쌍둥이 명부를 활용했다. 거기에는 1897년부터 코네티컷 주에서 태어난 쌍둥이들의 명단이 있었다. 연구진은 그것을 바탕으로 쌍둥이들의 창조성에 관한 포괄적인 연구를 실시했다.[25] 그들은 일단 117쌍의 쌍둥이를 골라 성별과 접합성接合性(일란성과 이란성을 가르는 기준)에 따라 분류했다. 연구 대상인 쌍둥이 참가자들은 그들의 창조력을 측정하기 위한 열한 가지의 검사를 받았다. 각 검사에서는 많은 양의 아이디어를 내놓는 능력이나 기존의 개념을 새로운 방식으로 응용하는 능력 같은 창조력의 다양한 구성요소를 측정했다. 연구자들은 창조성의 정도를 계산했고, 일란성 쌍둥이의 유사성과 이란성 쌍둥이의 유사성이 큰 차이를 보이는지 살펴봤다. 검사 결과 유의미한 차이는 거의 발견되지 않았다. 다음은 그들이 발표한 논문의 일부이다.

"하지만 창조성의 유전적 성분 개념을 지지할 만한 일관적이고 설득력 있는 증거는 거의 없다."[26]

쌍둥이 간의 유사성이 발견되기는 했지만 일반인 전체에 임의적으로 분포된 유사성보다 크지 않았다. 따라서 쌍둥이의 유사성은 유전 암호가 아니라 환경의 결과로 볼 수 있었다. 연구진은 창조적 유전자에 관한 증거를 전혀 발견하지 못했다. 결과적으로 본성은 양육적 요소보다 앞설 수 없었다.

창조성이 특정 부류의 전유물이 아니고 창조력이 유전적 행운의 결과가 아니라면 일부 조직에서 창조성과 비창조성을 엄격하게 구분하는 까닭은 무엇일까? 왜 우리는 창조적 역할과 비창조적 역할을 고집스레 분리하고 있을까? 만일 창조성이 모든 부서나 모든 회사의 모든 사람이 지닐 수 있는 것이라면 아마 우리가 조직을 구성하는 방식도 분리 대신 통합을 모색하는 방향으로 나아갈 것이고 덕분에 모든 직원이 창조성을 발휘하는 환경을 조성할 수 있을 것이다. 실제로 그렇게 하고 있는 몇몇 회사들이 있고, 그 회사들은 통합이 혁신과 수익성을 높인다는 사실을 알고 있다.

고어 앤드 어소시에이츠에서는 모든 직원들이 동료라는 동일한 직위에서 출발한다.[27] 동료에게는 명확히 정의된 직무가 부여되지 않고, 하나의 직무를 훌륭히 완수한 뒤 밟고 올라갈 더 높은 단계도 없다. 대신에 새로 입사한 동료에게는 '후견인'이 배정된다. 후견인은 처음 몇 주 동안 신입 동료들에게 회사 내부의 전문용어를 가르쳐주고, 회사 전체의 편성 구조를 소개하며, 그들이 다양한 프로젝트팀에 배속되어 업무를 익히도록 안내해 준다. 그렇게 신입 동료들은 몇 달간 사람들을 만나고 여러 프로젝트에 관해 배운다. 그것은 신입 동료의 실력이나 열의가 특정 프로젝트팀에서 요구하는 바와 적절히 조화를 이루는지 파악하기 위한 심사 단계다. 그리고 회사 내부에는 여러 개의 프로젝트팀이 있다.

고어 앤드 어소시에이츠는 1958년에 윌버트 '빌' L. 고어가 대다수 사람들에게 익숙한 대규모 관료적 조직의 대안으로 설립한 회사다. 당시 17년간 근무했던 듀폰에서 막 퇴직한 빌 고어는 일찌감치 폴리테트라 플루오로에틸렌(PTFE 혹은 테플론Teflon)의 시장성이 상당히 저평가되고 있다고 생각했다. 그는 듀폰에 있을 때 진취적인 분위기의 소규모 연구 개발팀에서 잠시 근무한 경험이 있었고, 새로 창업한 회사에서도 비슷한 분위기가 조성되었으면 좋겠다고 생각했다. 그는 모든 직원들이 각자 관심이 많은 프로젝트에 기꺼이 시간을 투자하거나 독자적인 프로젝트를 고안하기를 바랐다. 그렇게 하기 위해 그는 고어 앤드 어소시에이츠를 당시 일반적이었던 대규모 복합기업과는 전혀 다른 회사로 조직했다.

2010년, 고어와 8천 명 이상의 동료들은 다양한 프로젝트를 통해 약 30억 달러의 매출을 올렸다. 회사의 가장 유명한 제품인 고어텍스는 바로 빌 고어가 눈여겨봤던 PTFE 기술로 만든 것이다. 그의 아들 로버트는 PTFE를 늘려 튼튼하고 가느다란 중합체를 만드는 방법을 발견했고 그것은 장화, 장갑, 의료기구, 그리고 미항공우주국NASA 소속 비행사들이 착용하는 우주복에 이르는 수많은 제품의 발판이 되었다. 고어 앤드 어소시에이츠는 PTFE 기술을 이용해 더 강하고 덜 찢어지는 치실을 만들기도 했다. 2003년, 고어 앤드 어소시에이츠는 현재는 오랄비 글라이드로 불리는 그 기술을 피앤지에 팔았지만, 지금도 제품의 생산 및 개발은 계속하고 있다.

고어 앤드 어소시에이츠의 제품은 확실히 혁신적이지만, 회사의 독특한 구조야말로 진정한 혁신이라 하겠다. 고어 앤드 어소시에이츠는 1명의 공식 최고경영자를 두고 있고, 직물, 전자, 의학, 공업 등 4개의

주요 부문으로 편성
되어 있다. 하지만
이런 기본적인 요소
를 제외하면 전체
조직은 평면성을 띠
고 있다. 다시 말해,
고어 앤드 어소시에
이츠는 수직적 서열
대신에 이른바 격자
구조를 띠고 있다.

고어텍스 빌 고어는 PTEE 소재를 이용해 고어텍스를 발명했다. 오늘날
방수기능의 대명사로 등산복뿐만 아니라 운동선수들을 위한 운동복에도
많이 이용되는 소재이다.

이 격자는 모두가 서로 연결된 수평적 구조다. 의사소통은 직접적이고,
책임은 수평적이다. 조직구성도와 직위 단계가 없고, 창조적 역할과 비
창조적 역할 사이의 부서별 구분도 없다. 고어 앤드 어소시에이츠의 핵
심 구성단위는 동료들로 이뤄진 자율적 프로젝트팀이다. 동료들은 서
로에게 책임이 있다. 그들이 프로젝트를 성공적으로 마무리하려면 각
자의 창조적 기여가 필요하다. 심지어 그들은 급여도 직접 결정한다.

일련의 관리자층이 없기 때문에 프로젝트를 둘러싼 공식적인 허가
시스템도 없다. 따라서 고어 앤드 어소시에이츠에서는 신제품을 개발
할 때 격자를 활용한다. 이를테면 새로운 아이디어가 있는 사람은 일단
그것을 연구하기 시작하고, 필요한 경우 도움을 요청한다. 다른 사람들
이 가담하면 해당 프로젝트는 힘을 얻는다. 반대로 아무도 합류하지 않
으면 없던 일이 되어버린다. 고어 앤드 어소시에이츠에는 공식적인 직
함이 없지만(예를 들어 박사급 연구원, 마케팅 전문가, 운영관리자 등을 구별해주는

직함이 없다), 동료들이 본인의 명함에 추가할 수 있는 한 가지 직함이 있다. 그것은 바로 '리더'다. 리더는 몇 가지 프로젝트를 추진한 경험이 있거나 프로젝트의 책임자로 자주 추천받는 사람이다. 심지어 최고경영자(기업 헌장에 명시되어 있다)도 이사회와 동료 대표단 사이의 합의를 통해 선출된다.

데이브 마이어스가 리더 직함을 쓰기 전까지 고어 앤드 어소시에이츠의 사업 품목에는 기타 줄이 없었다. 기술자 출신인 마이어스는 애리조나 주 플래그스태프에 위치한 고어 앤드 어소시에이츠의 공장에서 심장 이식 프로젝트를 진행하고 있던 중 고어텍스 직물에 쓰이는 중합체를 자신의 산악자전거 케이블에 도포해 성능 향상을 꾀하는 실험을 하기 시작했다. 시제품 제작에 성공한 뒤(그리고 아마 산악자전거를 멋지게 타고난 뒤) 마이어스의 관심은 산악자전거에서 기타로 넘어갔다. 그는 피지皮脂가 기타 줄 주변이나 내부에 쌓이면서 기타 줄의 음색이 나빠진다는 사실을 알고 있었다. 그래서 자발적으로 참여한 동료들로 이뤄진 팀을 결성했고, 그들은 기타 줄에 고어텍스 중합체를 바르는 실험을 시작했다. 이후 3년간 가끔씩 진행한 실험 끝에 그들은 기존의 모든 기타 줄보다 음색을 오래 유지하는 기타 줄을 만들어냈다. 그렇게 탄생한 엘릭서 기타 줄은 출시되자마자 뜨거운 반응을 이끌어냈고, 지금도 가장 많은 매출을 기록하고 있다.

고어 앤드 어소시에이츠의 4개 주요 부문은 어느 정도의 구조적 역할을 맡지만, 직원들은 일반적으로 4개 부문에 구애받지 않은 채 프로젝트를 진행한다. 협업을 장려하기 위해 고어 앤드 어소시에이츠는 한 공장에 200명 이하의 인원을 배치하는 등 의도적으로 공장을 소규모로

운영하고, 대체로 여러 공장이 인접하도록 조치한다. 덕분에 한 공장에서 일하는 모든 사람이 서로를 잘 알게 될 뿐 아니라 나중에 프로젝트의 리더가 될 만한 사람이 이웃한 공장 사람들과 교분을 쌓을 수도 있다(마이어스가 기타 줄 프로젝트를 진행할 때 그랬던 것처럼 말이다). 덕분에 온갖 배경의 동료들이 새로운 창조적 프로젝트에 힘을 모을 수 있다.

기존의 회사에서는 의료장비를 담당한 기술자가 산악자전거 케이블과 기타 줄을 실험하는 경우를 상상하기 어렵다. 그러나 고어 앤드 어소시에이츠는 전통적 의미의 회사가 아니다. 고어 앤드 어소시에이츠의 독특한 구조 덕분에 직원들은 전통적인 꼬리표를 신경 쓰거나 특정 프로젝트가 자기 부서의 소관인지 아닌지를 고민하느라 시간을 허비하지 않는다. 고어 앤드 어소시에이츠에는 누가 창조적인 사람인지 비창조적인 사람인지에 관한 편견이 존재하지 않는다. 대신에 기타 줄처럼 생경한 프로젝트라도 기여할 부분이 있다고 판단한 사람은 주저 없이 거기에 합류해 본인의 기량을 펼친다. 아이디어를 내놓는 특정 부서가 없고, 제품개발 아이디어와 마케팅 아이디어의 구별도 없기 때문에 고어 앤드 어소시에이츠라는 조직 전체가 하나의 창조적 시장이다. 그 시장에서 사람들은 각자 끌리는 프로젝트에 시간을 투자하고, 심지어 새롭고 전망 좋은 프로젝트를 진행하는 능력을 두고 경쟁을 벌이기도 한다. 이런 아이디어의 산실 덕분에 회사는 우주복용 직물에서 기타 줄에 이르는 1천 종 이상의 제품을 취급하는 기업으로 성장할 수 있었다.

고어 앤드 어소시에이츠는 진정으로 혁신적인 제품을 생산하는 독특한 조직이다. 사실 이런 이례적인 독특함 때문에 고어 앤드 어소시에이츠는 이방인으로 치부되기 쉽다. 고어 앤드 어소시에이츠는 처음부터 격자 구조를 바탕으로, 그리고 혁신적인 신제품 개발이라는 사명을 바탕으로 설립되었다. 현재 고어 앤드 어소시에이츠가 전통적인 구분법에서 벗어나 있는 비결은 창업 시점부터 그래왔기 때문일지 모른다. 그렇다면 나머지 '평범한' 회사들의 상황은 어떨까? 전통적인 기업에서도 격자 구조나 혁신적인 신제품 개발 같은 아이디어가 통할 수 있을까? 이미 그런 아이디어를 실천해온 회사가 있다.

1980년, 제조업자 안토니오 쿠르트 제믈러는 셈코의 소유권을 아들인 히카르두에게 넘겨줬다.[28] 셈코는 아버지인 안토니오가 오스트리아의 빈에서 브라질의 상파울루로 이주한 직후인 30년 전에 설립한 회사였다. 셈코는 창업 이후 소형 아파트에서 안토니오 혼자 운영하던 1인 기업에서 400만 달러의 매출과 100여 명의 직원을 자랑하는 회사로 성장했다. 그러는 동안 안토니오는 기업 경영의 전통적 규칙을 따랐다. 회사는 점점 성장했고, 그는 경영진이 정책과 절차를 수립하고 각종 상황에 관한 대비책을 마련하는 위계 구조를 구축했다. 그것은 처음에는 회사의 발전에 도움이 되었지만, 이후 회사는 성장세가 꺾였고, 히카르두가 회사를 물려받을 때는 오히려 퇴보하기 시작했다.

히카르두가 물려받은 회사는 파산 직전에 있었다. 기존의 위계 구조는 삐걱거리고 있었다. 그는 과감한 변화의 필요성을 느꼈다. 혁신이 필요했다. 창조성이 필요했다. 공장 노동자와 간부급 관리자에 이르는 모든 직급에서 창조성이 필요했다. 히카르두는 혁신적 아이디어가 모든 직급에서 도출될 수 있도록 조직을 재편성하기로 마음먹었다. 그는 모든 사람이 혁신적 아이디어를 내놓을 수는 없다고 판단했고, 그래서 취임 첫날에 최고 경영진의 60퍼센트를 해고했다. 애초 그는 셈코를 개별 직원이 다양한 부서의 다양한 프로젝트를 할당받는 수평적 조직으로 재편성할 작정이었다. 그러나 뚜렷한 효과를 보지 못하자 할당 방안을 아예 포기해버렸다. 그는 아이디어와 프로젝트를 중심으로 팀이 결성되고 직원들이 자유롭게 프로젝트에 가담하고 이탈할 수 있는 유동적인 조직을 만들어냈다. 그것은 얼핏 짜임새 없고 무질서해 보일지 모르지만, 셈코의 직원들은 각자의 행동을 통해 짜임새를 결정한다. 히카르두는 다음과 같이 말한다.

"그것은 짜임새의 결여가 아니라 하향식 짜임새의 결여일 뿐이다."[29]

셈코의 경영진은 창조형과 정장형을 구분하지 않는다. 직원들은 어떤 기술을 보유할지, 그것이 어느 분야에 효과적으로 쓰일지를 스스로 판단한다.

히카르두는 직원들이 각자의 창조성을 활용하는 방식을 스스로 결정하는 조직을 구축했다. 덕분에 직원들이 창조성을 발휘하는 빈도가 증가했다. 결국 히카르두는 사람뿐 아니라 모든 사안에 관한 의사결정 과정에서 더 멀리 물러났다. 2003년, 셈코는 최고경영자인 히카르두가 마지막 결정을 내린 지 10년이 되는 시점을 기념하는 행사를 열었다. 하향식 의사결정을 자제하고 혁신의 민주화를 모색한 조치는 성과가 있는 듯했다. 2003년, 셈코는 연매출 2억 1천200만 달러를 기록했다. 한때 파산 직전에 몰렸던 회사로서는 정말 괄목할 만한 성과였다.

고어 앤드 어소시에이츠와 셈코는 모든 구성원의 창조적 잠재력을 수용하는 조직에서 혁신이 지속적으로 촉진되는 과정의 생생한 사례다. 누구나 아이디어를 제안하고 팀을 이끄는 고어 앤드 어소시에이츠와 셈코 같은 회사에서는 별종 신화가 통하기 어렵다. 부서를 창조적 유형과 비창조적 유형으로 구별하는 대신에 셈코는 유전적 차이나 자발적 구별이 아닌 프로젝트와 제품이 구성원의 역할에 영향을 미치는 조직 구조를 만들어냈다. 고어 앤드 어소시에이츠에서는 관리자들이 창조형과 정장형을 구별하면서 하향식 위계 구조를 구축하는 대신에 구성원들이 자신의 창조적 통찰을 활용할 수 있는 역할을 스스로 선택하도록 한다. 심지어 미국 노동부가 '창조적'인 것으로 분류하지 않을 법한 방식을 통해서 말이다.

별종 신화에 빠지기는 쉽다. 어떤 이는 창조성을 타고나고 다른 이는 그렇지 않다고 믿기도 쉽다. 우리는 현재의 유전학적 지식에 기댄 채 창조력을 유전자에 암호화된 것으로 치부하면서 타인의 창조적 잠재력을 경시하는 경향이 있다. 심지어 노동과 인적 자원을 다루는 관공서의 규정도 별종 신화에 빠진 채 창조적 직위와 비창조적 직위를 구분한다. 그러나 관련 증거에 의하면 전혀 다른 결론이 도출된다. 창조력은 특정 성격 유형의 전유물이 아니고, 우리의 유전 암호에 의해 좌우되지도 않는다. 전통적인 기업이 직원을 창조적인 사람과 비창조적인 사람으로 구별하려는 행태는 결과적으로 자사의 성공 잠재력을 심각하게 제한하는 결과로 이어진다. 고어 앤드 어소시에이츠와 셈코처럼 현명한 기업은 그런 잘못된 구분에서 완전히 벗어났고, 창조성이 회사 전체에서 꽃피는 구조를 갖췄다. 혁신주도적 경제에서 경쟁력을 유지하고 싶은 모든 조직에는 구성원 모두의 창조성이 필요하다. 존재하지도 않는 특정 부류만 바라보고 있기에는 혁신적인 아이디어가 너무나 절실하다.

03
독창성 신화
ORIGINALITY

우리는 아이디어는 원래 한 사람의 머릿속에 떠오르는 것이고, 그 사람의 노력에 의해 생명을 얻는 것이라고 여긴다. 새로운 발명품에 관한 이야기를 언급할 때 우리는 전적으로 발명자가 그것을 생각해냈다고 여긴다. 또한 각각의 새로운 아이디어가 그것을 고안한 사람의 뇌, 지문, 유전 암호처럼 고유한 것으로 믿고 싶어 하고, 창조적 아이디어나 혁신을 한 사람이나 한 회사의 작품으로 기억하는 경향이 있다. 우리는 자신의 아이디어가 독특하고 완전히 독창적인 것으로 평가받았으면 한다. 따라서 타인의 아이디어도 독창적인 것으로 간주한다. 이것이 바로 **독창성 신화**다.

독창성 신화는 창조의 주역은 단 한 사람이라는, 그리고 그 사람의 아이디어는 완전히 독창적인 것이라는 잘못된 믿음이다. 독창성 신화에 빠진 사람들은 자신이나 자기 회사가 내놓은 새로운 아이디어의 공로를 오로지 자신이나 자기 회사에 돌리고, 그 아이디어를 자신이나 자기 회사의 재산으로 생각한다. 그러나 새로운 아이디어는 그리 간단하게 생기지 않는다. 역사를 면밀히 검토해보면 창조성에 대한 반대의 관점을 찾아볼 수 있다. 아이디어는 훨씬 더 복잡한 경로를 통해 탄생하고, 그 과정에서 한 사람만이 관여하는 경우는 드물다. 단기필마의 천재를 옹립하기 위해 간혹 우리는 단 한 사람의 발명자를 발견할 때까지 창조적 아이디어의 역사를 편집한다. 유일한 발명자와 그 사람의 혁신적인 작품에 관한 유명한 이야기를 하나 살펴보자. 그것은 바로 전화기의 발명을 둘러싼 이야기다.

1847년, 알렉산더 그레이엄 벨은 언어 치료사로 일하며 이른바 '조화형 전신기'의 제작법을 연구에 임했던 보스턴에서 벗어나 휴식을 취하고 있었다.[30] 어느 날 저녁 그는 캐나다의 온타리오 주 브랜포드에 있는 부모 집 근처의 그랜드 강을 굽어보는 절벽으로 산책을 나갔다. 절벽에는 나무가 쓰러지면서 생긴 외딴 장소가 하나 있었다. 거기서 벨은 편안한 마음으로 이런저런 생각에 빠졌고, 마침내 문제의 해법을 발견했다. 음파 대신에 전류를 이용해 소리를 전달하는 방법이 떠올랐던 것이다. 그는 보스턴으로 돌아와 절벽의 외딴 장소에서 생각해낸 장치의 시제품을 열심히 만들기 시작했다. 벨은 자기 집 다락을 실험실로 개조했고, 토머스 왓슨을 연구 조수로 채용했다. 시제품의 작동 여부를 시험할 때 반대쪽에서 벨의 목소리를 처음 들은 사람이 바로 왓슨이었다. 1876년 2월 14일, 벨은 워싱턴 D.C. 소재 미국 특허청에 특허를 신청했다.[31]

그렇게 전화기가 탄생했다. 하지만 또 하나의 전화기도 탄생했다. 같은 날, 미국 특허청에는 또 다른 전화기 특허 신청자가 찾아왔다. 유명한 발명가 일라이셔 그레이도 벨의 전화기와 흡사한 장치의 특허를 신청했던 것이다.[32] 그레이는 전신 기술을 상당 기간 연구해온 인물이었다. 그는 자동조절 교대 스위치와 전신 인쇄기를 발명했고, 그 2개의 발명품 덕분에 전신 산업이 획기적으로 발전했다. 그는 벨과 비슷한 시기에 전신을 통해 소리를 전달하는 방법에 관심을 가졌고, 공교롭게도 벨과 같은 날

벨 1876년 2월 14일, 벨이 미국 특허청에 전신기의 특허를 신청했던 날, 일라이셔 그레이도 또 다른 전화기의 특허를 신청했다.

에 같은 장소에서 특허를 신청했다.

일단 두 사람의 특허가 모두 등록된 뒤, 벨은 전화기 제작을 시작했고 훗날 미국 전화전신회사AT & T의 모태가 된 회사를 세웠다. 한편 그레이는 토머스 에디슨과 손을 잡았고, 전기통신회사인 웨스턴유니언과 함께 여러 해 동안 긴밀히 협조하며 전화기를 제작했다. 그러다가 결국 벨이 그레이를 고소했다. 많은 사람들은 그레이가 발명한 전화기의 성능이 더 우수하다고 생각했지만, 그레이는 자신의 권리를 포기하면서 소송을 마무리했다. 아마 여러분은 일라이셔 그레이의 이름을 전혀 들어보지 못했을 것이다. 소송이 마무리되고 벨이 전화기 발명자로 확정됨에 따라 전화기 발명에 관한 이야기에서 그레이는 부차적인 존재로 밀려났고, 사실상 아예 배제되었다.

우리는 독특한 발명품과 작품을 단 한 사람이 만들어낸 것으로 믿고 싶어 한다. 우리는 창조적 아이디어를 내놓으면서 유일한 고안자로 인정받기를 바라고, 멋진 아이디어를 내놓은 다른 사람들을 유일한 고안자로 평가한다. 따라서 아이디어는 도용이나 모방 가능성을 우려해 비밀로 간직한다. 예컨대 작가들은 소설 집필에 필요한 아이디어의 유출을 방지하려고 애쓰고, 발명가들은 사소한 아이디어조차 특허를 신청하는 경향이 있다. 이런 풍조는 다른 부서 사람들이 알지 못하도록 정보나 프로젝트 진행 상황을 감추는 행태로 이어지면서 조직 내부에도 부정적 영향을 미친다. 그런데 우리의 창조적 통찰에 동력을 제공하는 것은 타인의 아이디어일 때가 많다. 이것은 비단 기술 혁신 분야에만 적용되는 사실이 아니다. 문학 분야도 마찬가지다.

헬렌 켈러는 작가 초년병 시절에 표절로 고소를 당했다. 그녀가 열한 살 때 쓴 소설 『프로스트 킹』에는 마거릿 캔비가 과거에 발표한 소설과 아주 비슷한 구상과 일화가 담겨 있었다. 논란의 핵심은 헬렌 켈러가 『프로스트 킹』을 쓰기 전에 캔비의 소설을 읽었는가 하는 문제였다. 몇 년 뒤 헬렌 켈러는 마크 트웨인이 보낸 편지를 받았다. 편지에서 마크 트웨인은 표절 소송에 관한 입장을 이렇게 설명했다.

"아, 이 얼마나 웃기고 어리석고 괴상한 '표절' 광대극인가! 입이나 글을 통한 인간의 말 중에 표절이 아닌 것이 많다면서 능청을 떠는구나! 거의 모든 아이디어는 간접적인 것이고, 의식적으로 혹은 무의식적으로 수많은 외부의 출처에서 끌어 쓰는 것이다. 그리고 자신이 고안했다는 미신에서 비롯된 자긍심과 만족감을 지닌 수집가가 매일 사용하는 것이다."[33]

트웨인은 과학자도 발명가도 아니었지만 혁신적 아이디어의 상호의 존성에 관한 그의 시각은 결과적으로 상당히 정확한 것이었다. 대개의 경우 하나의 새로운 창조 과정에는 여러 사람들이 연관되어 있다. 흔히 그들은 독립적으로 연구하지만 결국 동일한 성과를 내놓게 된다. 거의 동시에 이뤄지는 발견이나 발명의 역사는 오래전으로 거슬러 올라간다. 그런 '복수성'의 포괄적 목록은 1922년에 컬럼비아 대학교 소속의 사회학자 윌리엄 오그번과 도로시 토머스에 의해 최초로 작성되었다. 두 사회학자가 제시한 목록에는 비슷한 시간대에 활약한 복수의 인물의 공로로 볼 수 있는 148개의 획기적인 과학적 진보가 포함되어 있다. 이를테면 뉴턴과 라이프니츠는 둘 다 미적분을 발견했다. 망원경은 6명의 독립적인 인물에 의해 발명되었고, 놀랍게도 갈릴레오는 그 6명 중에서 망원경을 가장 늦게 생각해낸 사람이었다.

오그번과 토머스는 복수의 인물에 의해 동일한 발명과 발견이 그처럼 여러 번 이뤄졌다면 그런 복수성은 필연적일 것이라는 결론을 내렸다. 두 사람은 발명과 발견이 고안자들의 정신적 능력과 당시의 문화적 필요에 따른 산물이라고 주장했다.

"필연적인 구성요소가 존재할 경우 발명에 대한 문화적 필요가 생기면 발명은 일어난다."[34]

오그번과 토머스는 오랜 속담 "필요는 발명의 어머니다"의 증거를 제시한 셈이었다. 하지만 이후의 연구에 의하면 창조성과 혁신은 정신적 능력과 문화적 필요보다 훨씬 더 복잡한 환경 조건에서 비롯되는 것으로 보였다.

경제학자 W. 브라이언 아서는 1980년대부터 지금까지 기술의 진화를, 특히 기술의 진화가 경제 구축에 미치는 영향을 연구하고 있다. 그는 오그번과 토머스가 1922년에 처음으로 지적한 것과 동일한 경향을 발판으로 기술 발전에 관한 종합적인 이론을 세우려고 한다.[35] 하지만 그는 더 복잡한 설명을 내놓고 있다. 그는 기술 진보와 다윈의 진화론 사이의 표면적 유사성에 주목하지만 동시에 중요한 차이도 지적한다. 다윈은 생물학적 종種이 임의적 변이와 자연선택을 통해 진화한다고 주장했지만, 아서는 기술 발전은 임의적이지 않다고 단언한다. 기술은 생물학적 부모로부터 유전자를 물려받는 대신에 이전의 기술로부터 일부분을 물려받는다. 기술은 기존 기술의 조합에서 발생한다. 이 조합은 임의적이지 않다. 오히려 이 조합은 고안자의 의도적 행위다. 아서는 이것을 '조합적 진화'로 부른다. 그는 조합적 진화의 기하급수적 영향도 언급했다. 조합적 진화의 기하급수적 영향이란 새로운 기술이 발명될 경우 조합의 가능성이 높아지고 따라서 기술 혁신의 속도도 빨라진다는 것이다.

그렇다면 조합적 진화 이론은 복수성 현상을 어떤 식으로 설명할까? 작가 스티븐 존슨은 오랫동안 주목할 만한 발견과 유명한 발명을 연대순으로 기록해 왔고, 복수성 현상을 해명할 수 있다고 생각했다. 존슨은 일정한 시점에 개발될 수 있는 기술의 수는 유한하다고 단언한다. 얼핏 그 수는 무한해 보이고 우리가 살고 있는 동안 점점 커지는 것처럼 보이지만, 사실 유한하다. 새로운 기술이 등장함에 따라, 기존 아이디어의 참신하고 유용한 조합이 등장함에 따라 발생 가능한 조합의 수가 증가할 뿐 아니라 문제나 필요에 대한 잠재적 해법의 수도 늘어나고(오그번과 토머스는 이 단계를 발명의 전조로 간주했다), 따라서 새로운 조합이 등장할 길이 열린다. 아서의 조합적 진화 이론에 동조하는 존슨은 그렇게 열리는 길을 설명하기 위해 생물학자 스튜어트 코프먼의 진화론적 개념을 차용한다. 코프먼은 어떤 화학 구조가 그보다 더 단순한 화학 구조로부터 자연적으로 형성될 때가 있다고 말한다. 하지만 그런 화학 구조는 완전히 임의적으로 형성되지는 않는다. 상대적으로 단순한 화학 구조들을 조합해 만들어질 수 있는 화학 구조만이 자연적으로 형성될 가능성이 있다. 코프먼은 그런 화학 구조를 가리켜 '인접 가능성'이 있다고 평가한다. 존슨은 인접 가능성 개념을 일반적인 의미에서의 아이디어 전체에 적용한다. 그가 보기에 인접 가능성은 수많은 새로운 발명과 조합적 가능성뿐만 아니라 일정한 시점에서의 조합적 유한성도 대변한다. 인접 가능성은 특정 발견의 필연성을 좌우한다.

　존슨의 인접 가능성 개념은 복수성 현상의 설명에 도움이 된다. 전기적 파동으로 암호화된 메시지를 전선을 통해 수신자에게 보내는 전신이 발명된 사례를 살펴보자. 전신이 발명되기 전에는 인간의 목소리와 그 밖의 소리를 전선으로 전달한다는 아이디어는 가능성의 영역 밖에 있었다. 전신 덕분에 벨과 그레이는 소리 전달 문제의 해결에 필요한 기술을 확보할 수 있었다. 즉 새로운 조합의 문이 열렸다. 두 사람이 우연히 동일한 조합에 성공한 것은 필연적이었다고 말할 수 있다. 마찬가지로 증기기관을 혁신한 공로로 유명한 로버트 풀턴은 사실 증기기관을 발명하지 않았다. 증기기관은 풀턴이 그것의 에너지를 전진운동으로 전환하는 방법을 발견해 선박에 설치하기 75년 전부터 광업 분야에서 사용되고 있었다.[36] 1450년에 요하네스 구텐베르크가 발명한 인쇄기는 그가 이미 존재한 장치인 포도 압착기에 가동 활자 아이디어를 적용함으로써 탄생시킨 것이다.

일정 기간의 여러 발명자들이 동일한 재료로 연구를 진행하다가 가끔 비슷한 결과에 도달한다는 사실에도 불구하고, 우리는 아이디어의 소유권을 단 한 사람에게만 돌리는 경향이 있다. 전화기의 역사에서 확인했듯이 특허법은 맨 먼저 신청한 사람에게 소유권을 부여함으로써 이런 경향을 심화시킨다. 실제로 벨과 그레이는 같은 날에 불과 몇 시간 차이로 특허를 신청했다. 그런데 벨과 그레이의 경우처럼 법정 다툼으로 비화된 발명 관련 사례는 또 있다. 모델 T를 발명한 직후 헨리 포드는 자동차 조립과 관련한 기존 특허를 위반한 혐의로 재판을 받았다. 증인대에 선 포드는 독창성 신화를 담담하게 반박했다. 그의 주장은 마크 트웨인이 헬렌 켈러에게 전해준 편지의 내용과 무척 비슷했다.

"나는 새로운 것을 발명하지 않았다. 나는 그저 다른 사람들이 발견한 것을 조립해 자동차를 만들었을 뿐이다. 물론 그들 뒤에는 수 세기 동안 진행된 인간의 노고가 자리 잡고 있다……. 내가 50년이나 10년 전, 아니 5년 전에 도전했더라면 실패했을 것이다. 모든 새로운 것은 그런 법이다. 진보는 진보에 필요한 모든 요인이 갖춰질 때 일어나고, 그렇게 될 경우 진보는 피할 수 없다. 소수의 사람들이 인류의 가장 위대한 전진을 책임진다고 가르치는 것은 최악의 헛소리다."[37]

기존 재료의 조합이라는 개념은 혁신에만 적용되는 것은 아니다. 헬렌 켈러의 사례에서 살펴봤듯이 기존 재료의 조합은 다양한 창조적 분야에서 엿보이는 현상이다. 문학의 경우 셰익스피어의 희곡 《헨리 6세》는 동시대 사람인 크리스토퍼 말로의 희곡 《탬벌레인 대왕》에 큰 영향을 받은 작품이다.[38] 그리고 말로의 《탬벌레인 대왕》도 당시의 인기 역사책에서 줄거리를 빌려 왔고, 말로가 페르시아와 터키에서 들은 이야기가 섞여 있다. 미술의 경우 빈센트 반 고흐는 에밀 베르나르, 외젠 들라크루아, 장 프랑수아 밀레 같은 당대의 영향력 있는 화가들의 그림을 모사했다.[39] 반 고흐의 그림 중 30점 이상은 다른 사람의 그림을 베낀 것으로 볼 수 있다.

영화의 경우 조지 루카스의 영화 《스타워즈》는 이탈리아에서 제작한 미국 서부 영화, 구로사와 아키라의 사무라이 영화, 연재만화 《플래시 고든》 등을 조합해 조셉 캠벨이 『천의 얼굴을 가진 영웅』에서 설명한 줄거리와 뒤섞은 작품이다.[40]

광고의 경우 위든 앤드 케네디의 댄 위든은 사형수 게리 길모어의 사형 소식을 들은 뒤 나이키의 그 유명한 광고 문구 '저스트 두 잇Just Do It'을 만들어냈다.[41] 마지막으로 남길 말이 있느냐는 질문에 길모어는 다음과 같이 대답했다고 한다.

"시작합시다."

전설적인 만화영화 제작자의 창조성이 집약된 월트 디즈니 월드는 월트 디즈니가 각종 놀이기구와 가족 중심적 환경으로 유명한 코펜하겐의 티볼리 공원을 방문한 뒤에 만든 것이다.[42]

창조가 기존 아이디어의 조합이라는 가설은 새로운 견해가 아니다. 100여 년 전, 심리학자 알렉산더 베인은 "새로운 조합은 이미 정신에 존재하는 요소들에서 비롯된다"라고 주장했다.[43] 수십 년 뒤 또 다른 심리학자 사르노프 메드닉은 베인의 주장과 비슷하면서도 진일보한 '연상적 사고' 개념을 내놓았다. 메드닉이 보기에 창조적 사고는 간단히 말해 "연관된 요소들을 바탕으로 구체적인 조건에 맞거나 어느 정도 유용한 새로운 조합을 만들어내는 것"이었다.[44] 그는 모든 창조적 통찰은 머릿속에 이미 존재하는 여러 생각을 연결할 수 있는 능력에서 비롯된다고 봤다. 따라서 그의 관점에서는 생각을 많이 연결할 수 있을 수록 더 창조적인 사람이다. 메드닉의 말을 들어보자.

"문제의 필수 요소에 대한 연상 작용의 횟수가 많을수록 창조적 해법에 도달할 가능성이 높아진다."[45]

메드닉은 연상주의적 관점과 일맥상통하는 **원격연상검사법**RAT; Remote Associates Test을 고안했다. 창조성을 평가하는 방법인 원격연상검사법은 사람들에게 얼핏 무관해 보이는 단어들을 몇 개 보여준 뒤 그것들과 결합해 새로운 합성어를 만들어내는 단어 하나를 떠올리도록 주문하는 방식으로 진행된다. 예를 들어 'arm', 'coal', 'peach' 같은 단어를 제시받은 사람이 떠올릴 만한 단어는 'pit'일 것이다[armpit(겨드랑이), coal pit(채탄장), peach pit(복숭아씨)]. 메드닉은 머릿속의 다양한 생각을 쉽게 연결할 수 있는 사람일수록 원격연상검사법을 더 빨리 통과할 수 있을 것이고, 그런 사람일수록 더 창조적일 가능성이 있다는 이론을 세웠다.

메드닉의 초기 이론은 창조적 통찰이 떠오를 때 머릿속에서 일어나는 일을 설명하기 위한 시도였다. 실제로 오늘날의 연구자들은 인간의 뇌 속을 들여다보고 있다. 그리고 최근의 연구 결과는 메드닉의 이론을 뒷받침하는 듯하다. 도호쿠 대학교의 발달인지신경과학 교수 다케우치 히카루가 이끈 연구진은 첨단기술을 이용해 창조적인 사람들의 뇌 속을 엿보고 있다.[46] 지나친 단순화의 우려가 있지만, 간단히 말해 뇌는 기본적으로 흔히 회백질과 백질로 부르는 두 가지 유형의 조직으로 구성되어 있다. 회백질은 대다수 사람들이 뇌 하면 떠올리는 것이다. 회백질은 초등학교 시절에 경험한 사실이나 가장 소중히 여기는 기억 같은 우리의 모든 지식이 자리 잡고 있는 주름진 해면질이다. 회백질은 우리가 생각을 할 때 떠올리는 대상과 관계 있다. 반면, 백질은 마치 전화선이나 전신선처럼 전기 신호를 뇌 전역에 보내는 결합조직이다. 백질은 다양한 사실과 기억이 연결되도록 유지하는 일종의 배선이다. 회백질이 우리 사고 작용의 대상과 관계 있다면 백질은 우리 사고 작용의 방식과 관계 있다. 흔히 우리는 어떤 사실이나 기억을 "잊었다"라고 말하지만, 그 사실이나 기억은 여전히 뇌의 회백질에 남아 있다. 이때 생각을 연결하고 정보를 소환하는 데 어려움을 겪는 것은 백질이다. 우리가 어떤 것을 "기억한다"라고 말할 때 그것은 일반적으로 적절한 연결이 이뤄졌다는 의미다.

다케우치 히카루 교수와 연구진은 창조적인 사람들의 뇌가 정말 일반인과 다르게 만들어졌는지, 뇌의 회백질과 백질의 구조가 일반인과 어떻게 다른지에 관심이 있었다. 실험 참가자들은 확산적 사고력을 측정하기 위한 일련의 과제(일반적인 창조성 평가법)를 거쳐야 했다. 그러고 나서 참가자들은 자기공명영상장치MRI 속에 들어갔고, 연구진은 확산텐서영상을 이용해 회백질과 백질을 비교하며 그들의 뇌 지도를 그렸다.

연구진이 뇌 영상을 모두 분류해 창조성 점수가 매우 높은 사람들과 매우 낮은 사람들을 비교한 결과 실제로 뇌의 물리적 구조가 서로 달랐다. 창조적인 사람들의 뇌에는 그렇지 않은 사람들보다 백질이 훨씬 많았다. 그들의 뇌는 아이디어를 잘 연결할 수 있는 배선 구조를 띠고 있었고, 따라서 창조적 조합에 도달할 가능성이 더 높다고 볼 수 있었다. 하지만 연구진은 아직 그 창조적인 사람들이 뇌 구조 때문에 더 창조적

인지, 아니면 그들이 창조력을 발휘하는 과정에서 그런 구조가 심화되었는지 단언할 수 없었다. 이후 다케우치 히카루 교수는 추가 연구를 실시했고, 훈련을 통해 뇌의 백질 연결망을 증가시킬 수 있다는 점을 입증했다.[47] 그 연구 결과는 창조성에 대한 우리의 지식에 중대한 의미가 있다. 메드닉이 창조적 정신은 기존의 아이디어를 새로운 조합으로 연결함으로써 작동한다는 이론을 발표한 지 약 50년 만에 뇌 영상을 통해 창조적인 사람들의 뇌가 실제로 아이디어를 조합하기에 유리한 배선 구조를 갖고 있다는 점이 입증되었다. 그러나 아마 이보다 더 흥미진진한 사실은 훈련을 통해 뇌의 결합조직을 성장시킬 수 있고 그것이 창조력 향상에 도움이 될 수 있다는 가능성이다.

발명가, 마케팅 담당자, 예술가 등은 모두 기존의 아이디어를 재료로 삼아 새로운 결과물을 내놓는다. 그들 뇌의 백질은 끊임없이 아이디어를 서로 연결하면서 가치 있는 조합을 모색한다. 복수의 사람들이 동일한 조합을 내놓을 때 흔히 우리는 그것을 인접 가능성을 가장 먼저 실현한 사람의 업적으로, 혹은 그중에서도 가장 유명한 사람의 업적으로 여긴다. 하지만 우리는 모든 사람이 동일한 위치에서, 동일한 아이디어를 이용할 수 있는 상태에서 시작한다는 사실을 잊고 있다. 아이작 뉴턴은 "내가 더 멀리 내다본다면 그것은 거인들의 어깨 위에 앉아 있는 덕분이다"라고 말했다.[48] 사실 뉴턴은 이렇게 말할 때조차 다른 거인의 어깨 위에 앉아 있었다. 왜냐면 그는 프랑스의 철학자 샤르트르의 베르나르의 "우리는 거인들의 어깨 위에 앉은 난장이와 같다. 덕분에 우리는 그들보다 더 많은 것을 볼 수 있다"라는 말을 빌려 썼기 때문이다.[49]

뉴턴과 베르나르 외에도 거인의 어깨 위에 앉은 사람들이 있었다. 지난 100년 동안 가장 의미심장한 혁신 가운데 하나인 개인용 컴퓨터와 그것의 편리한 운영체제는 새롭고 더 뛰어난 발명품을 내놓기 위해 기존의 아이디어를 지속적으로 조합하고 변환한 과정 덕분에 탄생했다. 1985년에 출시되었을 때 윈도 운영체제는 획기적인 혁신이었다. 윈도 운영체제에서 사용자는 표준 자판을 통해 명령어를 입력할 필요가 없었고, 컴퓨터 화면이 가상 작업면으로 전환됨에 따라 동시에 여러 프로그램(창)을 펼쳐놓을 수 있었다. 사용자는 컴퓨터에 부착된 '마우스'로 조절하는 커서를 움직여 창의 위치를 이리저리 옮기거나 창의 크기를 바꿀 수 있었다. 마이크로소프트는 윈도를 통해 인간과 컴퓨터의 교류 방식을 바꿔놓았다. 그러나 이상은 애플을 지지하는 사용자들이 좋아하는 이야기가 아니다.

맥헤즈MacHeads로 불리는 애플 지지자들은 빌 게이츠와 마이크로소프트가 자랑하는 윈도 운영체제의 가장 뚜렷한 특징인 그래픽 사용자 인터페이스GUI가 사실 애플의 매킨토시 컴퓨터를 모방한 것이라고 말한다.[50] 시간적으로 볼 때 그들의 주장은 타당해 보인다. 애플은 매킨토시 시스템을 1984년에 출시했다. 매킨토시의 특징은 무선 마우스, 그리고 위치와 크기를 조절할 수 있는 여러 창에 프로그램을 띄울 수 있는 기능이었다. 마이크로소프트는 1983년에 윈도 1.0의 출시를 예고했지만, 실제로 출시한 것은 1985년이었다. 매킨토시를 개발하고 있을 때 애플은 빌 게이츠를 비롯한 마이크로소프트의 몇몇 관계자들에게 매킨토시 개발 프로젝트를 소개해 줬다. 당시 마이크로소프트는 매킨토시의 소프트웨어를 제작하기로 계약한 상태였다. 얼마 뒤 마이크로소프트가 윈도를 출시했고, 애플의 창업자 스티브 잡스는 윈도가 매킨토시를 모방한 것이라고 확신했다. 출시 직후 잡스는 게이츠에게 그 문제를 따졌다.[51] 당시 잡스는 게이츠에게 이렇게 소리쳤다고 한다.

"당신을 믿었는데 우리 것을 훔쳐 갔어."

게이츠는 차분히 대답했다.

"글쎄요. 사태를 바라보는 시각은 여러 가지가 있다고 봅니다. 당신과 내가 사는 동네에 부자가 산다고 칩시다. 내가 텔레비전을 훔치려고 그 집에 몰래 들어갔는데 이미 당신이 그것을 훔쳐 갔더군요."

게이츠의 말은 무슨 뜻이었을까? 사실 그는 제3의 회사가 이미 그래픽 사용자 인터페이스의 시제품을 개발한 상황인 점을 지적한 것이었다. 그 주인공은 바로 제록스였다.

1970년, 제록스는 야심만만한 프로젝트를 하나 출범시켰다. 제록스는 팔로알토 연구소라는 전용 연구시설에서 세계 일류의 컴퓨터공학자들과 프로그래머들로 구성된 연구진을 결성했다. 연구진에게는 막대한 예산이 제공되었고 외부 간섭은 거의 없었다. 그들에게 주어진 목표는 단 하나, 혁신이었다. 1973년, 팔로알토 연구소는 알토라는 놀라운 기계를 제작했다. 알토는 세계 최초의 개인용 컴퓨터였다. 알토의 대표적인 특징은 마우스로 조절하는 커서, 그리고 창이었다. 그 장치는 컴퓨터 역사의 비약적인 발전이었지만 너무 비쌌다. 알토 1대의 가격은 무려 4만 달러였다.

1979년, 제록스는 신생 기업 애플, 그리고 창업자 스티브 잡스와 협상을 맺었다. 잡스는 제록스에게 애플의 주식 10만 주를 단돈 100만 달러에 팔기로 했다(당시 많은 기대를 모은 애플의 주식 상장은 1년 뒤로 예정되어 있었다). 하지만 거기에는 잡스가 제록스의 팔로알토 연구소를 견학할 수 있어야 한다는 단서가 붙었다. 실제로 잡스는 몇 차례 그곳을 둘러봤고, 개인용 컴퓨터 알토를 구경한 것도 그때였다. 잡스는 창을 열고 닫는 방법과 마우스로 화면의 목표물을 선택해 재배열하는 방법도 목격했다. 쾌재를 불렀다. 견학을 마치고 돌아온 그는 개발팀을 결성해 알토와 비슷한 운영체제를 만들어 내도록 지시했다. 1981년, 애플은 제록스 출신 개발자 15명을 채용했고, 그들을 그래픽 사용자 인터페이스에 주안점을 둔 두 가지 서로 다른 프로젝트에 투입했다. 1984년, 애플은 비장의 무기 매킨토시를 출시했다. 개발 과정에서 애플이 구체적으로 설계상의 어떤 부분을 차용했는지는 아직 명확하게 밝혀지지 않았다. 잡스가 제록스의 팔로알토 연구소를 견학할 무렵 개발 단계에 있었던 애플의 리사 컴퓨터에는 이미 그래픽 사용자 인터페이스와 관련한 여러 가지 아이디어가 적용될 예정이었다. 그럼에도 불구하고 매킨토시 운영체제는 확실히 알토 운영체제의 개량형처럼 보였다.

이렇게 볼 때 게이츠의 주장이 옳은 것 같다. 아마 게이츠와 잡스는 둘 다 알토의 영향을 받은 것 같다. 하지만 그래픽 사용자 인터페이스의 역사는 여기서 끝날 정도로 간단하지는 않다. 알토, 매킨토시 윈도 등에서 사용되는 그래픽 사용자 인터페이스 이면의 여러 창조적 아이디어는 이미 수십 년 전에 등장한 것이었다. 1945년, 미군 소속 공학자 버니바 부시는 그래픽 사용자 인터페이스의 초기 형태를 구상했다.

1950년대에 발명가 겸 컴퓨터 분야의 개척자인 더글러스 엥겔바트와 일단의 공학자들은 미국 국방부의 고등연구계획국에서 부시의 기획안을 실험했다. 그리고 엥겔하트는 고등연구계획국보다 먼저 스탠퍼드 대학교에서 마우스를 개발하는 프로젝트를 진행한 바 있었다.[52] 1970년대 초반에 연구비 지원이 끊기자 엥겔바트와 그의 연구팀은 제록스의 팔로알토 연구소에 새로운 보금자리를 마련했다. 사실 알토는 그래픽을 처리할 수 있는 인터페이스를 사용하는 운영체제의 첫 번째 시제품도 아니다. 그런 운영체제의 어머니는 매사추세츠 공과대학의 이반 서덜랜드가 1963년에 발표한 박사 학위 논문의 주제인 스케치패드Sketchpad였다. 스케치패드에는 요즘 우리가 아이콘으로 부르는 것이 있었다. 하지만 **아이콘**이라는 용어는 컴퓨터과학 대학원생 데이비드 캔필드 스미스의 박사 학위 논문에서 처음 등장했다. 그는 피그말리온이라는 프로그래밍 시스템을 개발하면서 화면상의 기호를 만들어냈다.

알토, 매킨토시, 윈도 등에서 쓰이는 그래픽 사용자 인터페이스의 원류는 단 하나만 지목할 수 없다. 왜냐면 그런 단 하나의 원류는 없기 때문이다. W. 브라이언 아서가 설명하듯이 그래픽 사용자 인터페이스는 기존의 아이디어를 조합하고 수정해 고안한 것이고, 기존의 아이디어 역시 더 오래된 아이디어를 조합하고 수정해 개발한 것이다. 벨과 그레이가 연루된 전화기 사건처럼 그래픽 사용자 인터페이스도 여러 다양한 회사의 여러 팀에 속한 사람들이 동시에 연구한 것이다. 매킨토시 운영체제의 일부는 잡스가 팔로알토 연구소를 견학하기 전에 이미 존재했었다. 다만 그곳을 견학한 점은 이미 활용되고 있던 몇 가지 아이디어를 더 정교하게 다듬는 데 도움이 되었다. 또한 윈도와 매킨토시에는 각각의 개발팀이 알토에 적용된 아이디어를 개선했다고 자부할 만한 점이 있었다. 가장 분명한 사례를 소개하자면 알토의 마우스는 버튼이 3개였는데 윈도의 마우스와 애플의 마우스는 각각 2개와 1개였다.

심지어 잡스도 월간지 《와이어드》와의 인터뷰에서 자신이 내놓은 혁신이 오래된 아이디어에서 비롯된 것임을 인정했다. 그는 다음과 같이 말했다.

"창조적인 사람들에게 비결을 물으면 그들은 다소의 죄책감을 느낀다. 왜냐면 실제로 어떤 것을 창조하지 않았고 단지 그것을 **보았기** 때문이다. 어느 틈엔가 그것이 뚜렷하게 다가왔다. 그들이 자신의 여러 경험을 연결하고 새로운 것을 만들어낼 줄 알았기 때문이다. 그리고 그들이 그렇게 할 줄 아는 까닭은 다른 사람들에 비해 더 많은 경험을 겪었거나 자신의 경험에 대해 더 많이 생각했기 때문이다."[53]

하지만 공교롭게도 잡스조차 필요할 때는 독창성 신화에 매달린다. 2010년, 모양과 느낌의 측면에서 애플의 아이폰 인터네트워크 운영체제와 유사한 안드로이드 휴대전화 운영체제에 대해 잡스는 이렇게 경고했다.

"안드로이드를 부숴버리겠다. 이것은 훔친 제품이기 때문이다. 수소폭탄 전쟁도 불사하겠다."[54]

잡스는 멋진 아이디어가 오래된 아이디어의 조합을 통해 생긴다는 점을 인정했지만, 역설적으로 애플의 아이디어를 발판으로 성장한 다른 아이디어를 가차 없이 공격했다.

그래픽 사용자 인터페이스를 둘러싼 이야기는 혁신이 기존 아이디어의 조합을 거쳐 탄생한다는 사실에 완벽히 들어맞는 사례다. 그런데 놀랍게도 오늘날 수많은 기술 기업들의 운영 행태와 법적 구조는 독창성 신화에 발맞추고 있다. 알다시피 기업의 혁신은 직원들이 기존의 아이디어를 바탕으로 새로운 아이디어를 내놓을 때 꽃피지만 현재의 대다수 기업의 구조는 장벽을 세우고 비밀을 유지하는 데, 그리고 남들이

'우리의' 아이디어를 이용하지 못하도록 막는 데 초점을 맞추고 있다. 따라서 기업들은 특허, 기업 비밀, 디지털 저작권 관리, 지적재산권법 같은 갖가지 전술을 구사한다. 그 모든 수단은 아이디어가 한 사람의 재산이라는 전제에서 기인한다. 하지만 그런 전제에는 막대한 비용이 따를 수 있다. 만일 아이디어를 서로 조합하기가 더 어려워진다면 새로운 조합이 탄생할 가능성이 낮아질 것이다. 만일 우리가 항상 단 한 사람의 독창적인 창조자만 바란다면 혁신은 더 요원해질 것이다.

혁신이나 창조적 작업은 대부분 그 기원을 밝혀내기 어렵다. 워낙 다양한 기원이 존재하기 때문이다. 이것이 독창성 신화의 이면에 자리 잡은 진실이다. 아이디어, 창조적 작업, 혁신적 신기술 등이 모두 기존 재료의 조합을 통해 생기는 것이라면 여러 사람들이 동일한 것을 거의 동시에 창조할 수 있다는 가능성을 인정해야 한다. 실제로 그런 일이 자주 일어난다. 다양한 아이디어에 접근할 기회를 제공하는 것이 '독창적인' 창조자를 돕는 길이다. 작가 스티븐 존슨이 단언하듯이 모든 사람은 자신만의 인접 가능성 안에 갇혀 있다. 창조적 노력의 과정에서 사람들은 자신에게 노출된 아이디어와 재료에서만 무언가를 얻어낼 수 있다. 더 많은 환경에 노출되고 더 많은 영향을 받을수록 우리의 인접 가능성은 더 커지고, 창조의 결승선을 먼저 통과할 가능성이 높아진다. 뇌의 백질을 더 자극해 회백질 곳곳을 연결할수록 창조적 통찰의 가능성은 커진다.

조직 내부에서도 비슷한 원리가 적용된다. 구성원과 팀이 아이디어를 연결하고 결합할 수 있는 자유가 풍부할수록 혁신적 조합을 발견할 가능성이 높아진다. 설령 출발점이 되는 아이디어가 조직 외부에서 빌

려온 것이라도 말이다. 개인과 조직은 아이디어를 공유할 때 발전한다. 독점은 모든 관계자들의 인접 가능성을 위축시킬 수 있다. 많은 사람들은 창조적 아이디어를 발전시킬 수 있을 때까지 혼자 간직하려고 한다. 아이디어를 남에게 빼앗길까 봐 두렵기 때문이다. 그러나 만일 그 아이디어가 유한한 수의 가능한 조합 중에서 적절한 조합을 통해 생긴 것이라면 앞으로 결국 다른 누군가가 비슷한 아이디어에 도달할 공산이 크다. 사실 아이디어를 혼자만 간직하는 태도는 그것의 발전을 막는 행위일지 모른다. 기업 내부에서 독창성 신화를 고수하는 태도는 자신의 통찰을 비밀에 부치는 경향을 초래할 수 있다. 그러다가 결국 관련 프로젝트가 시작될 때면 자신이 공을 차지하기를 바란다. 하지만 사실 그래픽 사용자 인터페이스의 사례에서 알 수 있듯이 혁신적 제품과 창조적 작업을 단 한 사람의 공으로 돌리기 어려울 때가 많다. 일반적으로 통찰을 공유하고 새로운 방식으로 조합하는 태도가 무엇보다 그 통찰을 위대한 것으로 만드는 길이다.

04

전문가 신화

EXPERT

창조적 해법이 필요한 난제를 만날 때 흔히 우리는 해박한 전문지식을 지닌 사람들의 도움이 필요하다고 생각한다. 이것은 우리가 성공을 목표로 삼은 경쟁의 세계에 뛰어들기 전에 엄격한 교육 과정을 거치는 이유다. 또한 어려운 문제나 부적합한 직원에 대처하기 위해 여러 기업들이 훈련이나 교육 같은 카드를 꺼내는 이유이기도 하다. 이런 사고방식이 바로 **전문가 신화**다.

전문가 신화는 개인의 지식 수준과 그 사람이 내놓을 수 있는 작업의 질 사이에 상관관계가 존재한다는 믿음이다. 이것은 반박하기 어려울 정도로 논리적인 주장처럼 보인다. 실제로 이것이 진실인 경우가 많다. 대개의 경우 훈련은 도움이 된다. 사실 학교 교육이나 훈련이 해롭다고 말할 사람은 드물 것이다. 하지만 얼핏 논리적으로 보이는 개인의 지식 수준과 창조적 성과 사이의 상관관계는 우리의 짐작을 벗어난다. 창조적인 사람들의 삶과 경력에 관한 연구에 의하면 특정 수준에서의 전문지식은 오히려 개인의 창조력을 저해하고 창조적 성과를 감소시킬 수 있다. 전문지식이 많아질수록 오히려 창조성이 줄어드는 경우도 있다. 때로는 특정 분야의 문외한들이 최고의 통찰을 내놓거나 문외한들로 구성된 팀이 최고의 발명품을 개발하는 경우도 있다.

제이 마틴이 혁신적인 보철장치를 고안해 제작하는 과정에서 보탬이 된 것도 바로 그 분야의 문외한들로 구성된 팀이었다. 마틴은 전문가들의 도움을 받지 않았다. 2002년, 보철용 팔다리 설계자인 그는 30만 달러의 연구 보조금을 받아 마틴 바이오닉스라는 회사를 차렸다. 그 연구 보조금은 새로운 종류의 인공 발목관절 시제품 개발에 쓰도록 지급받은 것이었다. 발목관절은 사람이 걸을 때 지형 변화에도 균형을 유지할 수 있는 고도의 민첩성을 갖춰야 하기 때문에 인공 발목관절을 개발하고 몸에 맞추는 문제는 간단한 일이 아니다. 기존의 인공 발목관절은 대부분 그런 문제에 완전히 눈을 감고 있었다. 기존의 보철용 팔다리 제조업체들은 일정 수준의 안정성에만 초점을 맞췄고, 따라서 걷는 법을 다시 배우는 일은 사용자들의 몫이었다. 마틴은 로봇공학 기술을 사용해 실시간으로 감지한 지형 변화에 맞춰 조절이 가능한 보철장치를 개발하려고 했다. 아직 그런 제품은 없었다. 마틴의 말을 들어보자.

"조절이 가능한 보철장치들이 있지만 대부분 실시간으로는 그렇게 할 수 없다. 그 제품들은 자료를 읽은 뒤 다음 걸음에서 조절을 할 수 있다. 물론 도움은 되지만 여전히 문제가 있다. 이를테면 갑자기 평지와 만나는 경사로를 걸어 내려갈 때를 가정해 보자. 일정한 걸음이 연속되기 때문에 무난히 작동할 것이다. 그러나 경사로가 평지와 만나는 부분에 도달할 때가 문제다. 이제 경사로가 아닌 평지를 걸어야 한다.

기존 제품들은 사용자의 균형 유지에 전혀 도움이 되지 못한다."[55]

마틴이 구상한 인공 발목관절은 경사로와 평지가 만나는 경우 같은 난감한 상황에서 필요한 실시간 조절이 가능한 제품이었다.

마틴의 고민은 전문가를 확보하지 못한 점이 아니었다. 그는 이미 다수의 전문가들을 고용하고 있었다. 연구 보조금을 수령하자마자 그는 가급적 최고 수준의 팀을 결성하고자 했다. 그는 컴퓨터 시스템과 수학 및 전기공학 분야의 박사급 전문가들을 채용했다. 그렇게 조직한 개발팀은 인공 발목관절과 관련한 문제의 해결에 착수했지만, 곧 막다른 골목을 만났다. 그들은 마틴이 꿈꾼 제품은 불가능하다는 결론에 도달했다. 그들이 생각해낸 모든 해법에는 이미 뛰어넘을 수 없는 장벽이 있었다. 그들은 마틴이 상상한 기술은 아직 불가능하다고 판단했다. 마틴은 당시를 이렇게 회상한다.

"쉽사리 할 수 있는 일 같았으면 일찌감치 그런 기술이 등장했을 것이다. 나는 가능하다고 생각했다. 어렵게 느껴졌지만, 확실히 가능했다."

그러나 전문가로 구성된 개발팀의 생각은 달랐다. 그래서 마틴은 그들을 해고했다. 모조리.

그가 과거를 청산하고 새 출발에 나설 즈음에 전문가와 관련한 문제가 본격적으로 불거졌다. 신형 보철장치 개발 목적으로 지원받은 연구 보조금이 있었고 약속한 개발 완료일이 점점 다가왔지만, 마틴이 구상한 제품이 개발될 수 있으리라고 믿는 전문가가 하나도 없었던 것이다. 기초교육 과정을 거친 대다수 엔지니어들은 마틴이 원래 조직한 개발팀이 느꼈던 장벽에 관해 잘 알고 있었다. 마틴의 말을 들어보자.

"사실 엔지니어들과 프로그래머들은 기초교육 과정을 거치면서 온갖 딜레마를 접한다. 그들은 어떤 딜레마는 해결하지만 다른 딜레마는 해결하지 못한다. 특히 보철학 분야에서는 여기 오래 몸담은 사람일수록 가능한 것과 불가능한 것을 더 확신하게 된다."

마틴이 애초 결성한 개발팀과 그가 새로 접촉하고 있던 숙련된 엔지니어들은 그가 상상한 제품이 불가능하다고 결론을 내렸다. 그래서 마틴은 가능성 여부를 아예 모르는 사람들로 새로운 팀을 구성하기로 마음먹었다.

그는 몇몇 지역 대학의 공학 관련 학과의 문을 두드렸고, 그간 자신이 걸어온 길과 현재 진행하고 있는 프로젝트를 소개했다. 몇몇 학교를 순회하면서 그는 인턴을 구한다고 말했다. 결국 적당한 수의 학생들이 신청했고, 마틴은 기존과 다른 성격의 개발팀을 결성할 수 있었다. 새로 팀을 이룬 8명의 학생들은 전공 분야의 기본지식을 갖추고 있었지만, 로봇공학이나 보철학 분야에는 사전 경험이 전혀 없었다. 따라서 그들에게는 인공 발목관절 프로젝트의 가능성을 둘러싼 선입견이 전혀 없다고 볼 수 있었다. 그들은 인공 발목관절 프로젝트를 가로막는 장벽의 정체를 전혀 몰랐다. 마틴은 다음과 같이 말한다.

"그들에게는 무엇이 가능하고 불가능한지에 관한 생각이 전혀 없었다. 나는 그들에게 우리 프로젝트는 가능하다고 말했고, 그들은 나를 믿었다. 그렇게 우리는 작업에 착수했다."

하지만 시간이 오래 걸렸다. 마틴과 개발팀은 숱한 시행착오를 겪으면서도 포기하지 않았다. 그것은 성공에 이르는 가장 우아한 길은 아니었지만, 결국 그들은 시제품을 만들어냈다. 아마추어 엔지니어들로 구성된 마틴의 개발팀은 인공 발목관절에 대한 실시간 조절 시스템을 최초로 개발한 주인공이 되었다. 마틴의 말을 들어보자.

"경험이 풍부한 엔지니어들로 이뤄진 팀을 계속 운용했더라면 더 착실한 진전을 이뤘을지 모른다. 그러나 그렇게 개발한 제품은 질에서 차이가 났을 것이다. 우리는 개발 과정을 통해 진정으로 창조적인 해법을 발견했다. 그것은 전문가 수준의 개발팀이 결코 발견하지 못했을 해법이다."

마틴의 개발팀은 획기적인 장치를 선보였다. 마틴 바이오닉스는 인공 발목관절을 비롯한 여러 보철장치가 성공을 거둔 덕분에 미국 최대의 보철장치 연구개발 회사 가운데 하나로 우뚝 섰다. 그러나 마틴은 아마추어 개발팀과 함께 '불가능한' 프로젝트와 씨름했던 경험을 결코 잊지 않았다. 그 소중한 경험을 통해 마틴은 자신의 진정한 관심 분야이자 전문 분야가 보철장치의 제조 및 판매가 아니라 새로운 보철장치의 고안이라는 점을 깨달았다. 마틴은 자신의 보철장치 설계안과 마틴 바이오닉스를 다른 보철장치 제작업체에 매각했고, 이후 전적으로 보철장치 디자인 분야에 매진했다. 마틴의 말이다.

"발명은 예술의 한 형태 같다. 특허는 캔버스다."

마틴이 새로 설립한 회사 마틴 바이오닉스 이노베이션스는 신기술을 바탕으로 보철장치를 포함한 여러 분야의 혁신적인 제품의 고안에 주력하고 있다. 여전히 그는 주로 인턴을 채용한다.

"내가 고용하는 사람들의 대략 95퍼센트는 인턴으로 시작한다. 그들은 고도의 창조성과 활력을 보여준다. 그들의 아이디어는 더 혁신적이고, 그들의 해법은 더 창조적이다."

마틴 외에도 젊은 인턴을 채용하는 전략을 구사해 혁신적인 디자인을 내놓는 사람들이 있다. 여러 분야의 사례를 볼 때 상대적으로 젊은 사람들이 아주 기발한 아이디어를 내놓는 경향이 있다. 사실 물리학계에는 30세까지 노벨상을 타지 못하면 새 삶을 찾는 편이 낫다는 유명한 농담이 있다. 물리학계의 사정을 잘 모르는 사람들이 보기에 이 농담은 약간 이상하거나 꽤 인색해 보일 수 있다. 왜냐면 어떤 분야를 오래 공부할수록 더 현명해진다고 여기는 편이 자연스럽기 때문이다. 사실 나이를 먹을수록 획기적인 작품을 내놓을 가능성이 높다고 볼 수 있다. 실제로 알베르트 아인슈타인은 30세를 훌쩍 넘긴 46세에 노벨상을 받았다. 아인슈타인의 사례에 비춰볼 때 개인의 창조적 발견의 질은 나이에 비례한다고 말할 수 있다. 그러나 아인슈타인이 1921년에 받은 노벨상은 그가 1905년에 발표한 광전 효과에 관한 **기적의 해**Annus Mirabilis 논문 덕분에 수상한 것이다. 또한 그의 특수상대성 이론과 세상에서 가장 유명한 방정식 $E=mc^2$ 도 1905년에 발표한 것이었다. 아인슈타인이 가장 유명하고 중요한 이론을 발표한 시점은 26세일 때였다. 즉 30세가 되기 4년 전이었다.

조금 부당해 보일지 모르지만, 대부분의 물리학자들이 30세 무렵에 정점을 찍는다는 관념에는 어느 정도의 진실이 담겨 있다. 그리고 물리학 분야에만 '젊은이' 현상이 나타나지는 않는다. 다른 여러 분야에서도 개인의 창조성과 생산성은 아주 이른 시점에 절정에 도달한다. 그러나 아역 배우들을 제외하면 사람들은 나이를 먹을수록 명성이 높아지는 경향이 있다. 사람들은 매년 경험을 쌓을수록 더 많은 봉급을 받는다. 더 빛나는 명성과 더 많은 봉급은 혁신적이고 귀중한 아이디어를 내놓으려면 경험이 필수적이라는 신화에서 기인한 것이다. 하지만 이 신화는 창조적 경력에 관한 상당수 자료와 모순된다. 대부분의 사람들은 나이가 들수록 더 존경받지만 그것은 젊었을 때 내놓은 업적 덕분이다. 고령자들은 기본적으로 젊었을 때의 노력을 감안한 봉급을 받는다.

19세기 초반에 벨기에의 수학자 아돌프 케틀레는 개인이 경력 기간에 내놓은 창조적 성과를 다룬 연구를 수행했다. 그것은 오늘날 역사측정학적 방법을 활용해 창조적인 사람들의 경력을 살펴본 최초의 연구였다.[56] 역사측정학적 방법은 경력 기간에 내놓은 작품의 양과 각 작품을 발표한 시점 따위의 통계 자료로 인간의 진보나 개인의 경력을 설명하려는 시도다. 케틀레는 영국과 프랑스 극작가들의 경력을 연구했고, 각 극작가가 경력 기간에 매년 발표한 희곡의 수를 계산했다. 케틀레가 발견한 사실은 그들이 발표한 작품 수가 점점 늘어나 특정 연령에서 최고치를 기록한 뒤 점차 줄어든다는 점이었다. 그들의 창조성과 생산성을 나타낸 그래프는 U자를 엎어 놓은 모양과 비슷했다. 또한 작품의 질도 마찬가지 양상을 보였다. 극작가들은 경력 초반에는 마치 원고를 대량으로 찍어내는 기계 같았고, 희곡을 발표하는 빈도와 작품의 질도 점점 향상되었다. 반면 나이가 들면서 그들의 희곡은 질적 향상을 보이지 않았다. 케틀레가 조사한 극작가들은 해가 지날수록 발표하는 희곡의 수가 감소했고, 흥미롭게도 희곡의 질도 점점 떨어졌다. 그리고 그들의 대표작은 전문지식을 가장 많이 쌓았을 것으로 추정되는 경력의 마지막 기간에 나오지 않았다.

지난 30년 동안 역사측정학적 방법은 캘리포니아 대학교 데이비스 캠퍼스 심리학 교수 딘 키스 시먼턴에 의해 부활을 맞았다. 시먼턴의 작업은 케틀레의 연구 결과를 확증하고 힘을 실어준다. 시먼턴은 창조적인 사람들의 경력 연령에 초점을 맞췄고, 케틀레와 마찬가지로 역$_{逆}$ U자 모양의 함수를 발견했다. 시먼턴의 연구에 의하면 그들의 생산성은 특정 시점까지 증가하고 절정기에 잠시 정체되다가 결국 점차 감소한다. 즉 가장 생산성이 높고 창조적인 사람들은 수십 년간의 경험을 쌓은 노련한 전문가들이 아니었다. 시먼턴의 연구에서는 물리학자들이 언급하는 나이에 관한 경고성 농담의 타당성이 확인되었다. 아울러 물리학자들이 일반적으로 30세 이전에 가장 중요한 발견에 도달한다는 사실도 드러났다. 30세는 물리학 분야의 기본지식을 충분히 이해할 만큼 높은 연령인 동시에 그런 기본지식을 참신한 관점에서 바라보고 기존의 가정에 의문을 품을 만큼 낮은 연령이다. 상대적 차이는 있지만 문학과 물리학을 비롯한 모든 분야에는 이와 같은 역 U자 모양의 함수를 찾아볼 수 있다. 사회과학자들은 대체로 40대나 50대에 생산성이 최고치를 기록하고, 인문학자들은 50대에 생산성이 절정에 도달하는 경향을 보인다.

시먼턴의 주장은 개인이 경력 기간의 일정 시점에 내놓은 창조적 성과의 수준을 그 사람의 아이디어 구체화 비율과 정교화 비율을 바탕으로 계산할 수 있다는 것이다. 아이디어 구체화 비율은 개인이 새로운 기본 원리와 아이디어를 떠올리는 비율이고, 정교화 비율은 그런 아이디어를 실험을 거쳐 이해하기 쉬운 형태로 다듬는 비율이다. 아이디어 구체화 비율과 정교화 비율 모두 중요하다. 기발한 아이디어를 많이 내놓으려면 아이디어 구체화가 필요하고, 아이디어의 유용성을 확인하기 위해서는 정교화가 필요하다. 하지만 궁극적으로 아이디어 구체화 비율이 더 중요하다. 아이디어의 양이 많을수록 훌륭한 아이디어를 발견할 가능성이 높아지기 때문이다. 시먼턴이 알아낸 바에 의하면 대다수 사람들은 아직 사고의 체계성이 부족하고 전공 분야와 무관해 보이는 요소들을 연결할 가능성이 높은 경력 초반일수록 아이디어 구체화 비율이 훨씬 더 높다. 그리고 차츰 전공 분야에 관한 지식을 많이 습득할수록 아이디어 구체화 비율이 낮아진다. 나이가 들수록 전문지식을 무기로 아이디어를 더 현명하게 판단할 수 있을지 모르지만, 이용할 만한 아이디어의 양이 많지 않기 때문에 전반적인 생산성이 하락한다. 그것은 지식을 많이 쌓을수록 급진적인 듯한 아이디어를 적극적으로 수용하고 개발하기 어렵기 때문일 수 있다. 또한 기존의 지식과 전공 분야의 문화적 역학관계에 더 얽매이기 때문일 수도 있다. 따라서 전문가가 더 심오하고 풍부한 지식을 갖고 있을지 모르지만, 바로 그 지식적 깊이 때문에 새로운 아이디어에 도달하지 못할 수도 있고, 훗날에 아주 중대한 것으로 드러날 법한 아이디어를 부차적인 것으로 치부할 수도 있다.

이 절정 연령 현상은 보편적이기는 하지만, 그렇다고 필연적인 것은 아니다. 경력 기간 내내 젊은 학습자, 즉 해당 분야의 문외한 같은 사고방식을 견지하면 아이디어 구체화 비율의 감소 현상을 극복한 생산성과 영향력을 꾸준히 유지할 수 있다. 의도적으로 기존의 틀에서 벗어난 아이디어를 떠올리고, 아이디어 구체화의 양을 설정하고, 노련한 창조적 사고기법을 활용하면 더 많은 아이디어에 도달할 길이 열릴 것이다. 절정 연령 현상에 맞서 싸울 수 있는 가장 쉬운 방법은 새로운 분야에 뛰어들어 그 분야의 문외한이 되는 것이다. 수학자 폴 에르되시가 좋은 본보기다. 그는 잠재적 협조자들의 집을 방문해 "나의 뇌는 열려 있다"라고 말했다고 한다.[57] 에르되시와 동료 수학자들은 각자 연구하는 분야의 지식을 공유하고 서로에게 문외한적 시각을 제공했다. 에르되시는 수학의 여러 분야를 종횡무진했다. 그는 한 분야에 대한 관심이 줄어들면 새로운 분야에 눈길을 돌렸고, 그의 문외한적 시각은 새로운 분야에서 빛을 발했다. 덕분에 에르되시는 역사상 가장 많은 양의 수학 논문을 발표할 수 있었다. 그가 발표한 논문은 우리가 확인할 수 있는 것만 해도 최소한 1천525편에 이른다.[58] 에르되시의 엄청난 논문 발표량과 특유의 방랑자적 성향은 수학계에 이른바 에르되시 점수가 등장하는 배경이 되었다. 에르되시 점수는 특정 수학자가 에르되시로부터, 혹은 그와 공동으로 논문을 발표한 사람으로부터 얼마나 멀리 떨어져 있는가를 나타내는 지표다.[59] 예를 들어 에르되시와 함께 연구한 사람의 에르되시 점수는 1점이고, 이미 에르되시와 함께 논문을 발표한 사람과 공동으로 논문을 발표한 사람의 에르되시 점수는 2점이다. 에르되시 점수는 그가 수학자로서 얼마나 생산적이었는지를 보여주는, 그리고 새로운 분야의 새로운 개념을 통해 정신적 참신성을 유지하는 자세가 생산성의 원천임을 알 수 있는 생생한 증거다.

전문지식은 이중적 효과가 있는 듯하다. 물론 대다수 혁신과 창조적 작업에는 해당 분야에서 활동할 수 있는 일정 수준의 전문지식과 능력이 필요하다. 그러나 동시에 전문지식은 창조적 통찰을 차단할 우려가 있다. 제이 마틴이 해고한 일류 전문가들도 창조적 통찰에 도달할 수 있었겠지만, 오히려 전문지식 때문에 아이디어 구체화의 순간에 그런 통찰을 무시할 수도 있었다. 그들에게는 정교화를 거쳐 멋진 아이디어로 개발할 만한 새로운 아이디어의 양이 부족했다. 반면 폴 에르되시는 새로운 아이디어에 늘 귀 기울이고 특정 분야의 전문지식만 고집하지 않는 태도가 절정 연령 현상에 어떻게 대처할 수 있는지를 보여주는 모범답안이다.

현재 여러 회사들이 교육 수준이나 특정 전문지식에 상관없이 문외한들로부터 새로운 통찰을 얻기 위해 에르되시의 전략을 대대적으로 구사하고 있다. 이 회사들은 에르되시처럼 직접 집을 방문해 뇌가 열려 있다고 말하지는 않지만, 문호를 활짝 개방한 채 인재를 찾고 있다. 어려운 문제에 관한 외부의 시각을 활용하려는 이들 회사의 시도는 개발할 약품의 종류, 정부 기관의 운영 행태, 그리고 심지어 다음에 볼 영화를 선택하는 방법에 이르기까지 실로 다양한 항목에서 급진적인 혁신을 이끌어내고 있다.

전통적인 기업의 경우 기술이나 제품의 중요한 발전은 다음과 같은 간단하지만 값비싼 공식의 결과로 볼 수 있다. 기업들은 벨 연구소Bell Labs, 제록스 팔로알토 연구소, 혹은 듀폰과 머크의 연구개발부 같은 대규모 연구개발 전담부서를 둔다. 이들 기업은 일류 대학 출신의 박사급 두뇌들을 고용하기 위해 많은 자금을 지출하고, 일단 새로운 인재들을 채용한 뒤에는 그들이 난해한 기술적 문제의 해결에 필요한 더 많은 자금을 지출한다. 대다수 기업들이 관련 지식을 내부에서만 이용하도록 단속함으로써 성장을 꾀하기 때문에 연구자들은 경험을 쌓을수록 더 많은 봉급을 받는다. 그런 시스템은 다름 아닌 전문가 신화에 기반한 것이다. 최근의 역사를 돌이켜볼 때 혁신의 비결은 다음과 같이 정리할 수 있다. 기업 내부의 연구 조직에 막대한 자금을 투입하라. 그러면 혁신이 일어날 것이다.

화학자인 워너 뮬러는 직장 생활의 대부분을 거대 다국적 화학기업에서 보냈다.[60] 그는 입사 전, 화학 실험에 관심이 많았다. 하지만 승진을 거듭할수록 화학 실험실 밖에서 점점 더 많은 시간을 보내게 되었다. 결국 퇴직 후에는 아쉬움을 달래기 위해 집에 화학 실험실을 만들었다.

2001년 말, 대형 제약기업인 A사의 연구 조직이 무너지고 있었다. 혹은 적어도 흔들리고 있었다. A사는 연구개발팀에 엄청난 투자를 했지만 새로 출시할 제품의 문제를 해결할 방법을 찾지 못했다. 그들은 비교적 저렴하면서도 강력한 화합물을 발견했지만, 그것을 시장성 높은 약품으로 전환하는 과정이 너무 비효율적이었기 때문에 약품의 최종 비용이 계속 늘어나는 문제에 봉착했다. 예산이 초과되고 더 이상 그럴듯한 묘수가 없자 그들은 인터넷에 문제의 해법을 요청하는 글을 익명으로 올렸다. 그렇게 A사의 막강한 연구진이 해결하지 못한 문제는 집에 화학 실험실을 마련한 워너 뮬러의 손에 맡겨졌다. 뮬러는 제약업 분야에서 일한 경험이 없지만, A사의 문제가 자신이 공업 화학자로 일할 때 경험한 문제와 비슷하다는 점을 간파했다. 해법을 찾아 나선 그는 결국 유용성이 있어 보이는 방법을 발견했고, 곧 그 사실을 A사에 알렸다. 그것은 A사의 연구진이 전혀 생각하지 못한 방법이었고, 검증 결과 무척 효과적인 방법으로 드러났다. 덕분에 A사는 새로운 약품을 확보했고, 뮬러는 상금으로 2만 5천 달러를 받아 개인 화학 실험실에 재투자했다. 현재 뮬러는 자기 집의 화학 실험실에서 이노센티브라는 웹사이트에 올라오는 다양한 문제의 해법을 연구하며 퇴직 후의 삶을 이어가고 있다.

이노센티브는 진정한 필요의 산물이자 혁신을 향한 이례적인 접근법의 소산이다. 이노센티브는 이베이와 약간 비슷한 방식으로 운영된다. 이 웹사이트는 2001년에 엘피어스 빙엄이 개설했다. 빙엄은 당시 제약기업인 일라이 릴리의 부사장이었고, 일라이 릴리는 바로 A사, 즉 뮬러 덕분에 문제를 해결한 그 제약기업이다. 빙엄은 기존의 연구개발 모형인 가장 영리한 사람들을 모으고 그들에게 어려운 문제를 맡기는 방식에 실망을 느꼈다. 관건은 사람이나 문제가 아니라 그 두 가지 요소의 조합이었다. 빙엄은 적절한 사람에게 적절한 문제를 할당했는지 확신할 수 없었다. 전통적인 전제는 가장 똑똑한 사람과 가장 어려운 문제를 짝짓는 것이었지만, 앞서 살펴봤듯이 경우에 따라 전문가라는 점이 불리하게 작용할 때도 있다.

빙엄은 최후의 수단으로 이노센티브 프로젝트를 출범시켰다. 그는 실패를 반복하는 기존의 해법에 더 이상 자금을 투입할 수 없었고, 어디에 자원을 할당해야 할지 알 수 없었다. 그는 특정 문제의 해결 가능성이 어느 정도인지 혹은 그 문제를 해결하기까지 얼마나 오랜 시간이 걸릴지도 몰랐기 때문에 내부적 계획수립이 거의 불가능했다. 그러나 효과적인 해법을 발견하는 사람에게 상금을 주는 방식으로 외부인의 도움을 받아 문제 해결을 꾀하면 예산과 자원을 둘러싼 계획수립이 한층 쉬워질 것 같았다. 처음에는 반응이 미지근했고, 빙엄은 이노센티브 프로젝트에 괜한 돈을 투자한 것인지 모른다는 생각이 들기 시작했다. 그러나 결국 응모자들이 하나씩 등장하기 시작했다. 뮬러도 그중 하나였다. 뮬러가 제출한 해법은 화합물 개발과 관련한 문제뿐 아니라 고비용의 연구개발 딜레마를 관리하는 회사 차원의 문제도 해결했다.

2003년, 이노센티브 프로젝트는 일라이 릴리에서 분리되어 독자적인 회사가 되었고, 빙엄은 이노센티브의 최고경영자를 맡았다. 이노센티브에는 듀폰, 보잉, 노바티스, 피앤지 같은 수백 개 기업('의뢰자'로 부른다)의 문제가 게시된다. 문제의 종류는 리튬이온 전지 설계부터 저지방 초콜릿 대용물 개발에 이르기까지 무척 다양하다. 그러나 그 문제를 공략하는 사람들('해결자'로 부른다)은 훨씬 더 다양하다. 이노센티브에는 20만 명 이상의 사람들이 잠재적 문제 해결자로 등록되어 있다. 빙엄은 바로 이 점을 이노센티브가 효과적으로 작동하는 진정한 비결로 여긴다.

"이 때문에 문제에 대한 다양한 생각이 등장하고 꽤 독특한 해법으로 이어진다."[61]

이와 같은 생각의 다양성이 바로 해법이 비롯되는 지점이다. 이노센티브에 등록한 대부분의 문제 해결자들은 전공 분야와 무관한 문제를 해결한다. 대신에 해법은 문제의 해결자가 보유한 전문지식의 주변부에 자리 잡고 있는 것일 때가 많다. 워너 뮬러가 공업 화학자로서 훈련받은 뒤 제약업 분야의 문제를 해결한 데서 알 수 있듯이 대다수 해법은 전공 분야에서 쌓은 훈련 덕분에 문제의 복잡성을 이해할 수 있는 동시에 해법과 관련해 자신의 사고 범위를 제한하지는 않는 사람들이 내놓는다.

이노센티브 외에도 비전문가들의 창조성을 활용할 수 있는 통로가 있다. 2006년, DVD 우편배송 및 영화 스트리밍 회사인 넷플릭스는 넷플릭스 프라이즈라는 대규모 공모전을 열기 시작했다.[62] 넷플릭스는 과거에 관람하고 평가한 영화를 바탕으로 미래에 관람할 영화를 사용자들에게 권하는 추천 알고리듬의 품질을 개선하고자 했다. 넷플릭스는 회사 내부에서 시간과 자원을 투입하는 대신 배경이나 소속과 무관한 모든 사람들의 잠재력을 활용하는 편이 더 효율적이라고 판단했다. 넷플릭스는 응모자들에게 추천 기능의 품질을 최소한 10퍼센트 향상시킬 수 있는 알고리듬을 설계하도록 요구했고, 이후 응모자들이 제출한 알고리듬을 실제 사용자들로 구성된 표본을 통해 검증할 예정이었다. 넷플릭스는 10퍼센트의 품질 개선이라는 목표를 가장 먼저 달성한 팀에게 100만 달러의 우승 상금을 걸었다. 그리고 응모자들의 지속적인 도전과 팀 간의 협업을 장려하기 위해 우승 상금 외에도 매년 최고의 품질 개선을 이뤄낸 팀을 선정해 5만 달러의 '발전 상금'을 지급하기로 했다.

이후 3년 동안 186개 나라 출신의 약 4천 개 팀이 공모전에 참가했고, 넷플릭스는 2009년에 우승팀에게 상금을 지급했다. 우승은 뜻밖에도 벨코스 프래그매틱 카오스라는 기발한 이름의 팀에게 돌아갔다. 그 팀은 미국, 캐나다, 오스트리아, 이스라엘 출신의 통계학자, 인공지능 전문가, 컴퓨터공학자 등으로 구성되어 있었다. 그들의 알고리듬은 넷플릭스가 당시 쓰던 방식의 성능을 10.06퍼센트 향상시켰고, 덕분에 그들은 넷플릭스가 내건 목표치를 최초로 달성한 팀이 되었다. 그런데 흥미롭게도 벨코스 프래그매틱 카오스의 팀원 7명은 원래 3개의 독자적인 팀을 구성해 서로 경쟁하던 관계였다. 공모전이 계속된 3년 동안 그 3개의 팀은 서로의 발전과 통찰을 목격했고, 팀을 합치면 각자의 독특한 시각을 더 효과적으로 활용할 수 있을 것으로 판단하게 되었다. 벨코스 프래그매틱 카오스의 팀원들이 서로를 처음 만난 것은 상을 받으려고 넷플릭스에 모였을 때다.

하지만 뜻밖에도 넷플릭스는 우승팀이 개발한 알고리듬을 실제로 사용하지는 않았다. 공모전이 진행되는 동안 넷플릭스의 사업 모형의 초점이 DVD 우편배송에서 인터넷 영화 스트리밍으로 바뀌었기 때문이다(영화 스트리밍에는 다른 알고리듬이 필요했다). 실제로 사용하지도 않은 알고리듬을 개발하기까지 총 100만 달러 이상의 돈을 지출한 점은 낭비처럼 보일지 몰라도 넷플릭스는 공모전 초창기의 발전 상금 수상작에 자극받아 기존 알고리듬의 몇 가지 점을 개선했다. 아울러 여러 팀들이 경쟁을 벌이며 발전하는 모습을 지켜보면서 향후의 알고리듬 개선 과정을 최적화하는 데 필요한 몇 가지 중요한 교훈도 얻을 수 있었다.

이노센티브와 넷플릭스 프라이즈는 이른바 크라우드소싱(다수의 외부인들에게 도움을 받아 복잡한 문제를 해결하는 방법)의 위력을 여실히 보여주는 증거다. 그러나 크라우드소싱과 비슷한 위력은 비교적 소수의 외부인들이나 단 한 사람의 외부인에게서도 찾아볼 수 있고, 심지어 정부 기관이 직면하는 문제처럼 훨씬 더 복잡한 문제를 통해서도 확인할 수 있다. 비영리단체인 퓨즈 코는 기업가형 전문직 종사자들을 모집해 교육한 뒤 그들을 혁신적 아이디어가 필요한 공공 부문 지도자들과 짝지어주는 사업을 하고 있다.

퓨즈 코는 미국 전역의 수많은 공동체에서 진행하는 프로젝트 가운데 교육, 보건, 경제개발 같은 국가적 우선과제를 다루는 프로젝트를 찾아낸다. 퓨즈 코의 공동설립자 레니 멘돈카의 설명을 들어보자.

"그 프로그램은 우연히 시작되었다. 나는 스탠퍼드 경영대학원의 이사회에서 오래 일했다. 당시 나는 가치 있는 일을 하고 싶어 하는 학생들을 많이 봤지만 구체적인 연결고리가 없었다."[63]

경영대학원 학생들이 밟는 전형적인 경로는 학자금 대출을 받고 학업을 마친 뒤 학자금 대출을 상환하기 위해 고액의 연봉을 지급하는 자문회사나 금융회사에 들어가려고 경쟁하는 것이다. 학생들이 의미 있는 일을 하려고 해도 사회 시스템은 그들에게 이익 창출을 요구한다.

"동시에 나는 공공 부문의 지도자들과 지속적으로 대화를 나눴다. 시장들과 지사들은 여러 가지 문제를 고민하고 있지만, 문제를 해결할 만한 인재를 찾지 못한다. 민간 부문에서 혁신을 촉발하고 있는 창조성을 사회적 자본에 활용할 수 있다면 사회 발전의 측면에서 큰 도움이 될 것이다."

퓨즈 코는 과감하게도 이들 공공 부문 지도자들과 기업가형 전문직 종사자나 중견 전문직 종사자를 짝짓는 방법을 선택했다. 퓨즈 코의 공동설립자 겸 최고경영자인 제니퍼 애너스터소프는 퓨즈 코 회원들의 도움이 필요할지 모르는 공공 부문 지도자들에게 "귀하의 변화 목표는 무엇입니까? 거기에 꼭 필요한 인재를 구해드리겠습니다"라고 말한다.[64] 변화 목표는 구체적이고 측정할 수 있어야 한다. 공동체에 명백한 영향을 미치고 공공 부문 지도자들에게 직접적인 영향을 줘야 한다. 퓨즈 코는 신청자들 중에서 적합한 후보자를 고른다. 모든 신청자는 최소한 8년간 전문직에 종사한 경험이나 공공 부문에서 일한 경험이 있어야 하고, 경험이 많은 기업가일수록 좋다. 후보자는 반드시 지원 분야의 전문지식이 있어야 하는 것은 아니다. 퓨즈 코의 또 다른 공동설립자 피터 심스의 말을 들어보자.

"우리 회원들은 처음부터 위에서 아래를 내려다보며 모든 해답을 안다고 자처하지 않는다. 대신에 그들은 아래에서 위를 올려다보면서 시민들과 공감하고 시민들이 안고 있는 문제와 시민들에게 필요한 점을 파악하고 나서 새로운 해법을 모색한다."[65]

2012년, 노엘 갤퍼린은 캘리포니아 주 오클랜드의 아동권리 옹호단체인 칠드런 나우Children Now와 아이들에게 잠재력을 최대한 발휘할 기회를 제공하기 위한 단체들의 연합체인 캘리포니아 아동운동을 홍보하고 지원하는 일에 전념했다. 그녀에게 그런 바쁜 나날은 익숙한 일이었지만, 캘리포니아 아동운동과 함께 일한 경험은 정말 색달랐다. 그녀의 소감을 들어보자.

"이 일을 시작한 뒤로 단 하루도 똑같지 않았다. 하지만 그런 환경은 기업가로서의 발전에 큰 도움이 되었다."[66]

갤퍼린은 하버드 대학교 경영대학원에서 경영학 석사 학위MBA를 받았고, 20년 동안 운영 마케팅과 전략 경영 분야에서 경험을 쌓았다. 그녀는 캘리포니아 아동운동과 함께 일하기 위해 장기 유급휴가를 받았다. 1년에 걸쳐 원래의 업무인 컨설팅 대신에 아동 문제를 지원하는 여러 단체와 협력관계를 맺었고, 아동 문제에 관한 장기적 의제를 진전시키기 위한 정부의 전반적인 전략을 개발했다. 그녀가 학창 시절에 받은 사업 관련 일류 교육과 그녀 특유의 기업가적 사고는 비영리기구들과 선출직 관료들을 이어주는 고리가 되었고, 양쪽 모두에게 필요했던 혁신을 내놓는 데 보탬이 되었다.

갤퍼린은 다음과 같이 설명한다.

"모든 회원들은 지금까지 자원을 적절히 제공받지 못했던 우리 조직의 임무결정적 계획을 다루고 있다. 따라서 우리의 한 가지 과제는 조직은 물론 조직을 뛰어넘는 범위에 영향을 지속적으로 미치는 투자를 받을 수 있는 지점까지 임무결정적 계획을 추진하기 위해 적절한 자원을 확보하는 창조적 방법을 발견하는 것이다."[67]

모든 퓨즈 코 회원들의 활약에서 알 수 있듯이 해당 공동체에 필요한 혁신을 모색하기 위한 기업가적 사고와 시민적 참여의 조합은 이미 획기적인 성과를 보이고 있다.

로럴 리히티는 델라웨어 주 교육부와 함께 연방정부의 학력 향상 프로그램인 '최고를 위한 경주'에서의 목표 달성 현황을 독려하고 점검하기 위해 원래 몸담고 있던 국제 에너지법 분야를 떠난 경우다. 노련한 텔레비전 프로그램 연출자인 CNN의 에리카 디플러는 1년간 유급휴가를 받아 새크라멘토 시와 케빈 존슨 시장과 함께 앨리스 워터스의 학교 텃밭 교육 프로젝트를 새크라멘토 통합 학교 지구에 도입했고, 그곳 학생들의 학력 수준과 점심 식사 품질을 향상시켰다. 리사 갠스는 신생 비영리단체 DC 프로미스 네이버후드 이니셔티브의 임원진에 합류해 5개년 전략계획을 수립하는 과정에 힘을 보탰고, 워싱턴 시의 빈민가정 아동을 위한 보건, 안전, 삶의 질 등의 개선에 필요한 보조금 2천 500만 달러를 지원받는 데 기여하기도 했다. 퓨즈 코와 손잡기 전에 갠스는 기업 자문 변호사와 인권변호사로 일했다. 그는 이라크와 스와질란드의 헌법 제정을 돕기도 했다.

2012년, 전략 컨설턴트 및 비영리기구 임원 출신인 제러미 골드버그는 실리콘밸리의 풍부한 고급 인적 자원의 도움이 필요한 정부 기관에 일류 민간 부문 관계자를 소개하는 산호세San Jose의 비영리기구인 실리콘밸리 인재 제휴에서 일했다. 퓨즈 코의 공동설립자이자 맥킨지 앤드 컴퍼니의 사장 겸 이사인 레니 멘돈카는 이렇게 말한다.

"해결을 앞둔 많은 문제들에는 민간 부문, 공공 부문, 비영리 부문 등의 교차점이 필요하다. 퓨즈 코는 의도적으로 이들 영역의 교차점을 유도할 수 있는 주최 조직과 회원을 선정한다."[68]

지금까지 참신한 시각을 지닌 민간 부문의 임원급 인재들과 공공 부문 및 사회 부문의 전문가들을 결합하는 방식은 사회적 혁신에 매우 긍정적인 영향을 미치고 있다.

이노센티브, 넷플릭스 프라이즈, 퓨즈 코 등이 대성공을 거둔 비결은 전문가 신화에 얽매이지 않았기 때문이다. 창조성을 추구한다며 우리는 하나의 영역에만 너무 몰입하거나 한 분야만의 전문가에 머물 가능성이 있다. 전문가 신화에 빠진 사람들은 가장 어려운 문제는 그 분야의 가장 똑똑한 사람들이 해결할 수 있다고 주장하지만, 증거에 따르면 꼭 그렇지만은 않다. 실제로 어려운 문제를 해결하는 사람들은 해당 분야의 변방에서 등장할 때가 많다. 그들은 문제를 이해할 만큼의 충분한 지식은 갖고 있지만, 사고방식이 고정되어 있지는 않다. 덕분에 그들은 올바른 해법을 발견할 수 있는 창조력을 보유하고 있다. 그들은 독특한 시각을 갖고 있기 때문에 다양한 아이디어를 내놓을 수 있고, 동시에 각 아이디어의 장점을 평가하는 데 필요한 해당 분야의 지식도 충분히 보유하고 있다.

모든 기업이 모든 문제를 온라인상의 해결자에게 맡기거나 1년간의 회원 자격을 외부인에게 부여하는 방식으로 도움을 구할 수는 없지만, 참신한 관점을 지닌 외부인의 재능을 이용할 수 있는 방법은 많다. 다양한 배경의 사람들로 팀을 구성하거나 문제를 여러 팀에서 공유하는 분위기를 만들면 문제를 바라보는 더 많은 관점과 잠재적 해법을 확보할 수 있을 것이다. 또한 폴 에르되시가 학문적 생산성과 정신적 유연성을 유지하기 위해 그랬듯이 직원들이 다양한 부문을 경험할 수 있도록 배려하는 것도 중요하다. 어떤 방법을 쓰든 간에 전문가 신화를 물리치기 위한 싸움에서 핵심 무기는 고정관념을 피하고 기존의 문제를 새로운 시각에서 이해하려고 애쓰는 자세다.

05

인센티브 신화
INCENTIVE

다른

사람이 나를 위해 일해 주기를 바란다면 그 사람에게 일을 맡기면 된다. 사업 분야에서 이런 원리의 가장 명백한 사례는 특정 임무를 수행하고 대가를 받는 사람들을 고용하는 경우다. 특별히 중요한 임무의 경우에는 고용인의 동기를 고취하기 위해 인센티브가 제공된다. 사실 경영학원론 수업 현장에서는 "사업에서 어떤 일을 이루고 싶으면 그것을 평가해라. 어떤 일을 잘 해내고 싶으면 그것에 화폐적 성격을 부여해라"라는 격언이 수없이 되풀이된다. 이런 방식의 뿌리는 산업시대의 초창기 경영 관행에서 찾아볼 수 있다. 당시에는 사람들이 고도의 짜임새를 갖춘 공장에서 특정 과제를 완수하기 위해 고용되었다. 이후 경제 규모가 커지면서 산업에서 정보로 중심축이 이동했지만, 심지어 창조적 작업과 관계된 분야에도 여전히 과거의 관행이 남아 있다.

우리가 산업 공정과 비슷한 방식으로 직원에게 창조적 작업을 맡기고 보상을 제공하는 것은 인센티브 신화에 따른 관행이다. 크게 보면 인센티브 신화는 인센티브로 창조성의 양과 질을 향상시킬 수 있다는 관념이다. 대다수의 기업들, 그리고 심지어 상당수의 비영리단체도 인센티브 신화에 빠져 있다. 그러나 인센티브 신화에서 벗어나고 있는 조직들도 많다. 이들 조직은 창조적 작업과 인센티브의 규모 사이의 상관관계가 거의 없다는 사실을 깨달았고, 전통적인 인센티브 없이도 유능한 인재들이 창조적 천재성을 발휘하도록 유도하는 방법을 모색하고 있다.

재드 아붐라드가 바로 그런 창조적 천재다. 적어도 2011년에 맥아더 펠로십을 수상했을 때부터 그를 따라다니는 수식어는 그렇다. 아붐라드는 공영 라디오 방송국 내셔널 퍼블릭 라디오를 통해 방송되는 라디오 프로그램인 《라디오랩》의 창시자다. 그가 공동창시자인 로버트 크럴위치와 함께 진행하는 《라디오랩》은 기존의 라디오 프로그램과는 다른 느낌을 준다. 각 방송분은 주로 과학적이거나 철학적인 개념에 초점을 맞추고 있다. 정교한 스타일의 각 일화에는 독특한 청취 경험을 이끌어내기 위한 음악 및 음향효과와 전문가 인터뷰 및 진행자 간의 대화가 절묘하게 뒤섞여 있다. 오버린 대학교에서 작곡을 전공한 아붐라드는 크럴위치와의 협업을 통해 《라디오랩》을 방송하기 시작했다.

두 사람의 첫 번째 프로젝트는 2003년에 라디오 프로그램 《디스 아메리칸 라이프》를 위해 시도한 음향 실험이었지만, 그것은 전파를 타지 못했다. 이후 심기일전한 두 사람은 새로운 프로젝트에 도전했고, 2005년에 《라디오랩》의 첫 번째 공식 시즌이 뉴욕 공영 라디오에서 시작되었다. 6년 뒤 아붐라드는 맥아더 펠로스 프로그램의 이사 대니얼

J. 소콜로가 보낸 다소 애매한 내용의 전자우편을 받았다. 거기에는 그가 맥아더 펠로십을 받을지 모른다는 내용이 담겨 있었다. 아붐라드는 사기 우편일지 모른다고 의심했지만, 나중에 직접 소콜로와 대화를 나눴고 정말 맥아더 펠로십을 수상했다.

맥아더 펠로십은 비범한 창조적 잠재력을 지닌 것으로 평가되는 사람들에게 수여되는 장려금이다. 현재 맥아더 펠로십의 수상자는 5년 동안 매년 10만 달러의 장려금을 지급받는다. 수상자는 그간의 작업에서 드러난 창조성뿐 아니라 그 작업의 발전 잠재력을 기준으로 선정된다. 맥아더 재단은 수상자들의 뛰어난 창조성에 주목하는 반면, 대중매체의 대다수 관계자들은 맥아더 펠로십을 '천재 장려금'으로 부른다. 맥아더 재단은 대중매체의 이런 표현에 동의하지 않는다. 재단 측이 보기에 '천재'라는 개념은 너무 협소하다. 천재는 지능만을 평가한 것이다. 맥아더 재단이 지향하는 목표는 창조성이다. 《라디오랩》의 방송 내용이 기존의 라디오 프로그램과 다르듯이 맥아더 펠로스 프로그램도 일반적인 장학제도와 다르게 운영되고 있다. 기존의 장학제도에서는 개인이나 팀이 지원금 내역, 향후 계획, 성과 목표 등의 개요를 담은 제안서를 작성해 자금을 신청한다. 일단 신청자에게 자금을 지원한다는 것은 해당 신청자가 제안서를 통해 장담한 성과를 낼 수 있다는 확신이 깔려 있기 때문에 가능한 일이다. 그러나 맥아더 펠로십은 다음 두 가지 점에서 다르다.

첫째, 맥아더 펠로십의 경우 장려금이나 보조금 신청을 받지 않는다. 당연히 제안서도 받지 않는다. 대신에 익명의 선정위원단이 수상자를 지명한다. 맥아더 재단은 수상자보다 선정위원단을 더 비밀리에 관리한다. 선정위원의 면면은 늘 바뀐다. 선정위원을 위촉하는 기준은 해당 분야의 전문지식, 그리고 그 분야에서 특별히 창조적인 사람들에 대한 안목이다. 수상자들은 최종적으로 지명될 때까지 후보로 거론되고 있다는 사실조차 모른다. 아붐라드도 소콜로가 전화로 전해줄 때까지 수상 사실을 전혀 몰랐다고 말한다. 아붐라드의 설명에 의하면 소콜로는 마치 약을 올리는 것처럼 맥아더 펠로십의 역대 수상자 중에 아는 사람이 있는지 물었다고 한다.[69] 소콜로는 "힌트를 하나 주겠소. 이름의 첫 글자는 A고, 다음 글자는 B, 또 그다음은 U입니다"라고 말했고, 그제서야 아붐라드도 알아챘다고 한다.

맥아더 펠로십에는 전통적인 보조금과 다른 중요한 차이점이 하나 더 있다. 맥아더 펠로십에는 수상자 총 50만 달러의 장려금을 특정 방식으로 써야 한다는 부대조건이나 의무사항을 달지 않는다. 맥아더 펠로십의 웹사이트에는 다음과 같은 안내문이 게재되어 있다.

"맥아더 펠로십은 지적, 사회적, 예술적 시도에 종잣돈을 제공하기 위해 제정한 상이다. 매우 적극적이고 자발적이며 유능한 사람들은 시간과 자원을 할당하는 방법을 가장 현명하게 결정할 수 있을 것이다."[70]

맥아더 펠로십은 수상자들이 창조적 충동을 따를 수 있는 최대한의 자유를 제공하려고 제정한 상이다. 2007년, 소콜로는 《하버드 비즈니스 리뷰》와의 인터뷰에서 "일반적인 지급자와 수령자 간의 관계가 완전히 뒤바뀌었다"[71]라고 말했다. 미리 승인받아야 하는 특정 프로젝트를 장학금 수령자들에게 맡기는 대신 맥아더 재단 관계자들은 보조금을 지급하는 쪽이 전체 과정에서 완전히 물러나 있고 수상자에게 최대한의 창조적 자유를 보장하는 것이 상을 가장 효과적으로 활용하는 길이라고 믿는다.

이 독특한 프로그램의 출발점은 맥아더 재단의 설립 초기로 거슬러 올라간다. 맥아더 재단은 1978년에 시카고의 부유한 사업가 존 D. 맥아더가 사망하면서 남긴 기부금으로 설립되었다. 맥아더는 세상을 떠나기 전에 이사진을 직접 선택했지만, 이사들이 준수해야 할 지침을 내리지는 않았다. 설립 초기 이사들은 조지 버치 박사가 '모험 연구에 관해Of Venture Research'로 지칭한 조항에 관해 논의하기 시작했다. 버치의 주장은 기존 방식과는 달리 연구자들에게 자금을 제공해야 한다는 점이었다. 버치는 창조적인 사람들에게는 자금 제공 기관을 의식할 필요 없이 생각하고 행동할 자유를 줘야 한다고 믿었다.[72] 1981년, 이사회는 첫 번째 장려금을 지급했고, 그렇게 부대조건이 전혀 없는 맥아더 펠로십의 전통이 형성되기 시작했다. 설립 이후 지금까지 맥아더 재단은 과학자, 시인, 역사학자, 물리학자, 소설가, 비영리기구 지도자, 음악가, 인류학자, 그리고 앞서 소개한 라디오 프로그램 진행자 등을 비롯한 각계각층의 사람들에게 장려금을 수여했다. 맥아더 재단은 장려금 수령자들에게 구체적인 성과를 내놓도록, 혹은 장려금을 받은 뒤 수행한 작업을 보고하도록 요구하지 않는다. 하지만 수령자들은 새로운 문학 작품을 집필하거나 연구 프로젝트를 확대하거나 도시 빈민층에게 조립식 주택을 제공하는 프로그램을 재정적으로 지원하거나 심지어 오래된 수도원을 국제 예술가촌으로 개조하는 등 장려금을 애초의 취지에 걸맞은 용도에 쓰고 있다.

맥아더 펠로십은 비영리기구의 전통적인 자금 지원 관행과 정반대

위치에 있지만, 동시에 창조성, 인센티브, 생산성 등에 관한 통념과도 대조를 이룬다. 다행히 여러 기업들이 맥아더 펠로십 프로그램에서 실마리를 얻은 듯하고, 기존 모델과 다른 방식을 실험하기 시작했다. 이들 기업은 업무 현장에서의 창조성에 관한 연구를 참고해 창조적 생산성의 향상을 위한 색다른 방식을 실험하고 있고, 인센티브 신화를 촉발한 산업시대의 사고방식에서 벗어나 직원들의 더 창조적인 생각을 독려하는 새로운 관행을 추구하고 있다. 이 새로운 관행은 혁신에 극적인 효과를 미치고 있다.

산업시대의 전성기에 이르러 작업반장들은 노무자들 때문에 골머리를 앓기 시작했다. 원래 공장에서의 작업은 반복적일 때가 많다. 동일한 업무가 매일 매시간 매초 되풀이된다. 노무자들이 업무를 신속하고 효율적으로 수행하도록 동기를 부여하기란 어려웠다. 적어도 경영학의 아버지인 프레더릭 테일러가 모종의 조치를 취하기 전까지는 그랬다. 공장 관리자 겸 기계기사였던 테일러는 향상된 산업 노동 관리법으로 자부하는 시스템을 개발했다. 그는 노무자들이 작업을 지루하게 느낄 때 작업 실적을 높이는 가장 좋은 방법은 금전적 인센티브를 제공하는 것이라고 주장했다. 다시 말해, 더 많은 돈을 벌 수 있다는 희망이 있으면 노무자들은 작업에 흥미를 느낀다는 것이었다. 1900년대 초반 테일러가 그런 주장을 펼치면서 연구한 상당수 작업은 인센티브 방식을 적용하기에 알맞은 산업 노동이었다. 이후 사회가 점점 발전했지만 테일러가 제시했던 방식은 그렇지 못했다. 그 뒤로 오랫동안 금전적 인센티브는 중요한 관심사가 아니었다. 20세기 내내 점점 더 많은 미국인들이 멜빵이 달린 작업바지를 벗고 단추를 채우는 셔츠로 갈

아입었지만, 아직 상당수 작업은 반복적이고 판에 박힌 일이었다. 특히 조직 말단의 대다수 사무직 업무는 아직도 고도의 훈련 대신에 많은 반복이 필요한 일이었다. 여전히 하위 사무직에게 동기를 부여하기 위해 금전적 인센티브를 활용하는 테일러의 방식이 효과적인 듯했다.

그러나 창조적 작업은 다르다. 테일러가 연구 대상으로 삼았던 작업의 경우에는 일반적으로 명확하고 상세한 지침이 있었고, 작업자의 과제는 지침을 글자 그대로 따르는 것이었다. 반면 창조적 작업에는 그런 상세한 지침이 없고, 수행할 과제를 발견하는 것이 우선이다. 현재이런 유형의 작업이 점점 더 보편화되고 있다. 최근 컨설팅회사 맥킨지 앤드 컴퍼니가 수행한 연구에 의하면 미국에서 늘어난 일자리의 약 70퍼센트가 바로 상세한 지침이 없고 늘 문제를 해결해야 하는 특징을 갖고 있는 직종이다.[73] 이들 직종은 반복성 대신에 창조성이 필요하다. 판에 박힌 절차가 없고, 흔히 작업 자체에 고도의 자발성이 내재되어 있다. 이런 내재적 자발성이 존재하기 때문에 창조적 작업에는 테일러의 방식이 통하기 어렵다.

창조적 작업에서 인센티브가 차지하는 역할에 관한 연구는 창조성 자체에 관한 연구만큼 오랜 역사를 자랑한다. 한층 날카로운 지적이 계속 나오고 있지만, 대체로 몇 가지 중요한 쟁점에 관한 합의는 이뤄지는 듯하다. 동기부여는 창조적 표현의 가장 큰 영향 요인 중 하나다. 동기부여는 테레사 에머빌이 언급한 개인적 창조성의 네 가지 구성요소 중 하나라는 점을 상기하자. 개인들이 더 적극적으로 문제를 해결하거나 창조적 작업에 임하게 될수록 혁신적 해법의 가능성이 높아진다. 하지만 동기부여의 유무만큼 동기부여의 종류도 중요한 듯하다. 동기부여는 두 가지 형태, 즉 내재적 동기부여와 비내재적 동기부여로 나눌 수 있다. 내재적 동기부여는 내면에서 비롯되는 것이다. 내재적 동기부여는 과제의 단순한 즐거움 때문에 그것을 완수하려는 욕구다. 우리가 일에 자연적으로 관심을 갖고, 일을 하는 동안 완전히 거기에 몰두하고 늘 그것에 관해 생각할 때를 가리켜 내재적 동기부여가 되어 있다고 말할 수 있다.

비내재적 동기부여는 정반대다. 비내재적 동기부여는 마치 인센티브처럼 외부에서 비롯된다. 우리가 과제 자체보다는 상여금이나 점수 같은 다른 이유에서 과제를 완수할 때 비내재적 동기부여가 되어 있다고 말할 수 있다. 동기부여와 창조성에 관한 연구가 축적되면서 다음과 같은 결론 쪽으로 점점 기울어지는 것 같다. 비내재적 동기부여보다 내재적 동기부여가 창조적 작업으로 이어질 가능성이 높다.

이런 결론은 에머빌의 유명한 연구에서도 입증된다. 에머빌이 이끈 연구진은 예술가들이 자발적으로 작업에 임한 경우와 의뢰를 받아 작업에 임한 경우의 창조성을 조사했다.[74] 연구진은 23명의 화가들과 조각가들에게 각자의 작품 20점씩을 고르도록 부탁했다. 20점 중 10점은 본인의 작품 활동에 따른 기쁨 때문에 스스로 창작한 것이고, 나머지 10점은 타인의 의뢰를 받아 창작한 것이었다. 연구진은 그렇게 총 460점의 작품을 확보한 뒤 다른 예술가, 미술관 전시기획자, 화랑 소유주 같은 예술 분야의 전문가들로 구성된 심사위원단에게 보여줬다. 심사위원들은 각 작품의 질을 평가했다. 그들은 각 작품의 작가가 누구인지, 어떤 작품이 금전적 대가를 약속받고 의뢰를 받은 것인지 아닌지를 모르는 상태였다. 단지 각 작품을 평가할 뿐이었다. 심사위원들이 매긴 점수를 종합한 결과 연구진은 예술가들이 의뢰를 받아 만든 작품이 창작 활동 자체의 즐거움 때문에 만든 작품보다 질이 현저하게 떨어진다는 점을 발견했다. 물론 의뢰받은 작품을 만드는 예술가들도 작업에 임할 때 일정 수준의 내재적 동기부여가 되어 있었을 가능성이 있지만, 작품에 대한 금전적 대가가 내재적 동기부여를 어느 정도 희석시킴으로써 결과적으로 작품의 전반적인 질에 부정적 영향을 미쳤을 가능성도 있다. 이 연구 결과는 에머빌이 언급한 창조성의 내재적 동기부여 원칙을 여실히 보여준다.

"내재적 동기부여는 창조성에 기여한다. 통제성이 가미된 비내재적 동기부여는 창조성을 저해한다."[75]

에머빌의 설명은 인센티브 같은 비내재적 자극제가 존재할 경우 창작자의 관심은 작업 자체에서 벗어날 수 있다는 말이다. 즉 창작 행위 자체에 대한 관심은 부족해지고 돈에 대한 관심은 커질 수 있다. 에머빌이 연구한 예술가들의 집중도는 자발적으로 작품을 만들 때와 의뢰자의 요구와 바람을 고려하면서 작업에 임할 때가 달랐다. 에머빌의 주장은 심리학자인 에드워드 데시가 40년간 수행한 연구에 의해 뒷받침된다. 데시는 특정한 비내재적 보상이 이미 개인에게 존재하는 내재적 동기부여를 없앨 수 있다는 점을 발견했다.[76] 상황에 따라 인센티브는 창조적 작업을 수행할 때 필요한 동기부여를 차단할 수 있다.

그렇다고 창조적 작업에 대한 보상을 절대 하지 않아야 한다는 말은 아니다. 사실 금전적 상황으로 인해 주의가 산만해지거나 작업에 집중하지 못하는 상황을 방지하기 위한 보상은 필요하다. 그런데 창조적 작업에 대한 체계적 보상은 프레더릭 테일러의 예상을 훨씬 뛰어넘을 만큼 어려운 일이다. 하지만 내재적 동기부여의 약화를 막기 위한 인센티브와 보상 시스템은 고안할 수 있다. 심지어 에머빌은 비내재적 자극제가 항상 해로운 것은 아니라고 주장했다. 다만 비내재적 자극제는 과제를 수행하는 본질적 이유와 조화를 이룰 필요는 있다.[77] 직접적인 통제 수단(당근과 채찍)으로 인식되지 않는 인센티브는 내재적 동기부여를 증가시킬 수 있다. 뛰어난 성과에 대한 인정 수단으로 활용되는 인센티브나 보상은 창조적 작업에 대한 본질적 관심을 증가시키는 듯하다. 그리고 자연스레 관심을 느끼는 주제를 다루도록 유도할 수 있는 보상은 훨씬 더 큰 영향을 미친다.

과거의 창조적 작업을 근거로 장려금을 지급하는 맥아더 펠로스 프로그램이 좋은 예다. 수상자로 선정하는 것 자체가 일종의 인정이고, 장려금은 수상자가 향후의 작업을 선택할 수 있는 소중한 발판이 된다. 하지만 맥아더 재단은 장려금이 과거 작업에 대한 보상이 아니라고 잘라 말한다. 맥아더 재단은 장려금을 인센티브로 간주한다. 즉 수상자들이 훨씬 더 많은 창조적 작업에 임하도록 격려하는 수단으로 바라본다. 장려금은 수상자의 내재적 동기부여와 조화를 이루는 비내재적 자극제다. 물론 다른 조직들이 맥아더 펠로십 모델을 그대로 모방하기는 어렵다. 직원들에게 현금을 나눠주면 나중에 회사의 수익을 증가시킬 만한 창조적 작업을 수행함으로써 은혜를 갚을 것이라고 권하는 컨설턴트는 드물 것이다. 하지만 몇몇 회사는 맥아더 펠로십 비슷한 프로그램을 소규모로 실험하기 시작했다. 이들 회사는 내재적 동기부여형 프로젝트를 추진할 수 있는 휴식 시간인 이른바 '천재 장려금'을 직원들에게 지급하고, 나중에 그것이 회사에 도움이 될 경우 보상을 해준다.[78]

이 '추진 시간' 프로그램 가운데 가장 유명한 것의 역사는 1925년으로 거슬러 올라갈 수 있다. 1925년, 딕 드루는 사포를 판매하는 일을 하고 있었다.[79] 그는 상당히 큰 규모의 제조업체인 B사에서 일했고, 여러 군데를 돌아다니며 사포 제품의 성능을 선전하는 일이 주 업무였다. 드루는 업무 성격상 자동차 차체 공장을 자주 방문했고, 여러 공장이 비슷한 문제를 안고 있다는 점을 발견했다. 공장 작업자들은 자동차 수리를 마친 뒤 차체를 다시 도색해야 했는데, 예를 들어 색깔이 두 가지일 경우 완벽하게 도색하기가 까다로웠다. 일반적으로 작업자들은 일단 차체 전체를 한 가지 색깔로 칠한 다음 나머지 색깔을 칠할 부분에 두꺼운 방습지를 부착한 뒤 나머지 색깔을 칠했다. 그것은 꽤 현명한 방법이었지만 단점이 있었다. 도색을 마친 뒤 방습지를 떼어내면 먼저 칠한 색깔의 페인트가 일부분 벗겨질 때가 있었다. 방습지의 접착력이 너무 강했다. 때문에 작업자들은 손상된 부분을 다시 칠해야 했고, 작업 시간도 몇 시간 늘어났다.

드루는 자동차 차체에 부착된 방습지를 보고 자기 서류가방 안의 사포 견본을 떠올렸다. 사포는 기본적으로 접착성 종이와 연마재라는 두 가지 요소를 조합한 것이다. 하지만 연마재를 도포하지 않을 경우 사포는 단순히 한쪽 면에 접착제를 바른 종이에 불과했고, 그것은 차체 공장 작업자들에게 필요한 제품과 비슷했다. 사무실로 돌아온 뒤 드루는 사포로 실험을 시작했다. 실험 결과 사포 제작에 쓰이는 접착제는 차체 공장에서 사용하는 것보다 접착력이 약했지만 작업자들의 고민을 해결해줄 만큼은 아니었다. 그래서 그는 접착력을 줄일 수 있는 이상적인 제조법을 연구하기 시작했다. 이후 그는 적절한 제조법을 발견했으나 아직 해결하지 못한 문제가 있었다. 그것은 접착제를 종이에 바를 수 있는 적절한 방법이었다. 연마재를 추가로 바르지 않았기 때문에 종이의 끈적끈적한 한쪽 면이 그대로 노출되었고, 결과적으로 서로 달라붙었기 때문에 종이를 포장해 판매하기가 어려웠다.

그때 드루의 상사가 개입하기 시작했다. 드루의 상사 윌리엄 맥나이트는 그가 몇 달 동안이나 근무 시간에 접착성 종이를 만드는 모습을 지켜봤다. 맥나이트는 드루에게 그 일을 그만두라고 지시했다. 맥나이트는 사포를 제조해 판매하는 회사의 직원임을 명심하라고 말했고, 그렇게 하기 싫으면 다른 회사를 찾아보라고 경고했다. 그러나 드루는 맥나이트의 말을 따르지 않았다. 그는 근무 시간에는 자제했지만, 다른 직원들이 퇴근한 뒤 혼자 남아 실험을 계속했다. 결국 포장 문제의 해법을 찾아냈다. 새로 만들어낸 종이는 접착력이 약했기 때문에 마치 리본처럼 둥글게 말 수 있었고, 필요한 경우 두루마리 형태에서 하나씩 떼어낼 수 있었다. 원래의 아이디어가 떠오른 지 1년도 되지 않아 드루는 보호 테이프를 발명했다. 그가 내놓은 제품은 보다 향상된 자동차 도색 방법을 기대했던 차체 공장 작업자들에게만 인기를 끌지 않았다. 그가 발명한 보호 테이프는 거의 모든 사람들에게 필요한 제품으로 드러났다. 드루의 직장인 B사, 그러니까 쓰리엠은 그가 원래의 아이디어를 떠올린 지 3년이 지나지 않아 사포보다 그의 보호 테이프를 더 많이 판매하게 되었다.'

맥나이트는 드루가 자신의 지시를 어떤 식으로 어겼는지 생생히 기억하고 있었다. 하지만 그는 드루를 징계하지 않았다. 대신 그는 드루의 창조적 일탈에 주목했고, 회사 전체를 재편했다. 1929년에 쓰리엠의 사장 자리에 오른 직후 맥나이트는 쓰리엠의 기술 부문 직원들은 근무 시간의 최대 15퍼센트를 상사의 승인 없이 본인이 선택한 프로젝트에 할애할 수 있다는 방침을 내놓았다.[80] 그 방침은 쓰리엠의 '밀조 정책bootlegging policy'으로 알려지게 되었고, 오늘날까지 시행되고 있다. 쓰리엠의 연구개발 부문 책임자 출신인 사람이 전한 바에 의하면 쓰리엠의 핵심 제품 대부분은 밀조 정책을 따른 엔지니어들의 손을 거친 것이라고 한다.[81] 예를 들어 1장에서 살펴본 스펜서 실버와 아트 프라이의 발명품인 포스트잇 노트도 밀조 정책 덕분에 탄생한 것이다. 맥나이트의 정책은 맥아더 펠로십보다 시기적으로 앞서지만, 맥아더 펠로십 이면의 철학과 놀라울 정도의 유사성이 있다.

쓰리엠의 성공 사례 이후 점점 많은 회사들이 인센티브를 통해 할당된 업무를 수행하도록 독려하는 대신에 내재적 동기부여형 프로젝트를 추진할 수 있는 자유 시간 형태의 '천재 장려금'을 제공하는 실험에 나서고 있다. 오스트레일리아의 소프트웨어 회사 아틀라시안은 직원들에게 분기별로 24시간의 자유 시간을 제공하기 시작했다.[82] 아틀라시안의 직원들은 정규 업무의 영역 밖에 있는 프로젝트인 한, 그리고 성과를 바로 다음 날에 공개하겠다고 약속하는 한 각자 원하는 프로젝트를 추진할 수 있다. 아틀라시안의 자유 시간 실험은 수많은 소프트웨어 버그 수정과 제품 아이디어로 이어졌다. 성공적인 실험에 고무된 아틀라시안은 결국 노동 시간의 20퍼센트를 밀조 시간으로 배정하는 정책을 공식화하게 되었다.[83]

혁신의 최강자 고어 앤드 어소시에이츠는 쓰리엠과 비슷한 방식을 쓰지만, 쓰리엠보다는 다소 짧은 밀조 시간을 제공한다. 고어 앤드 어소시에이츠의 경우 동료들은 근무 시간의 10퍼센트를 2차 프로젝트에 할애할 수 있다. 사실 2장에서 살펴본 엘릭서 기타 줄 프로젝트는 데이브 마이어스와 그의 회사 동료 2명이 10퍼센트의 자유 시간을 활용해 시작한 것이었다.[84] 그 뒤 6명의 동료들이 추가로 가담했고, 마이어스의 팀은 3년 동안 기타 줄을 2차 프로젝트로 추진하다가 회사의 나머지 구성원들에게 공개했고, 결국 그것은 회사의 공식 프로젝트로 전환되었다. 유리제품 회사인 코닝에서도 연구자들에게 10퍼센트의 자유 시간을 제공한다. 코닝의 설리번 파크 연구소 소속 연구자들은 약간 이상해 보이는 아이디어를 다룰 수 있는 '금요일 오후 실험'에 주 노동 시간의 10퍼센트를 할애한다.[85] 연구자들은 그 시간을 활용해 이상한 아이디어와 씨름할 뿐 아니라 상사들이 폐기할 법한 프로젝트를 되살려낸다.

소셜미디어회사인 트위터는 '해킹 주간Hack weeks'을 정기적으로 운영하고 있다. 회사 측의 배려로 직원들은 1주일 내내 정상적인 직무 범위 밖의 프로젝트를 추진할 수 있다. 해킹 주간에는 소프트웨어의 문제점을 개선하는 경우가 많지만, 다른 일을 해도 무방하다. 예를 들어 몇몇 직원들은 팀을 결성한 뒤 유쾌하고 흥미진진한 내용의 신입사원 모집 영상을 제작했다. 해킹 주간 구상은 대성공을 거뒀고, 덕분에 트위터의 공동창업자인 잭 도시는 훗날 새로 설립한 전자결제업체 스퀘어에도 그 구상을 적용했다. 스퀘어에서는 해킹 주간을 통해 여러 가지 멋진 프로젝트가 탄생했다. 스마트폰만을 사용해 결제할 수 있는 응용 프로그램인 스퀘어 월렛은 무선 영수증 인쇄방식과 마찬가지로 해킹 주간의 프로젝트로 시작된 것이다. 아주 엉뚱한 프로젝트도 등장한다. 해킹 주간 동안 어느 팀은 스퀘어 내부의 직원용 당구대가 비어 있는지를

확인할 수 있는 응용 프로그램을 개발했다. 어떤 엔지니어는 속을 파낸 바나나 안에 선불 휴대전화를 장착하는 방법을 알아냈다. 스퀘어 월렛 같은 프로젝트에 따

페이스북 캘리포니아 멘로파크에 있는 페이스북 본사 입구 해커의 길1

른 투자수익을 계산하기가 더 쉽지만, 당구대 응용 프로그램이나 바나나 전화 프로젝트도 직원들의 창조성을 자극하고 증진하는 점에서 마찬가지로 중요성을 갖는다. 해킹 주간은 멋진 아이디어가 있지만 프로그래밍 경험이 없는 직원들이 아이디어를 제품 개선이나 제품 확장으로 변환시키는 과정에서 필요한 프로그래밍 기술을 습득할 수 있는 기회이기도 하다.

페이스북 직원들은 한 달에 한 번씩 12시간 동안 진행되는 '해커톤 hack-a-thon('해킹'과 '마라톤'의 합성어로 단기간에 소프트웨어를 개발하는 활동—옮긴이')에 참가한다.[86] 직원들은 저녁 8시부터 다음 날 아침 8시까지 단체 철야 작업에 참가해 개인별 혹은 팀별로 새로운 프로젝트를 실험한다. 해커톤에는 두 가지 규칙만 있다.

첫째, 각 프로젝트는 정규 업무의 일부분이 아니어야 한다.

둘째, 다음 날 아침 실험 내용과 성과를 간략히 발표해야 한다. 매월 수백 명의 직원들이 해커톤에 참가하고, 이튿날 아침에는 여러 차례의

프레젠테이션이 진행된다. 어떤 직원들은 철야 작업에서 새로운 응용 프로그램을 만들어본다. 페이스북 채팅은 원래 해커톤 프로젝트로 시작되어 정규 프로젝트로 자리 잡았다. 유용성이 떨어져 보이는 것을 실험하는 직원들도 있다. 어느 팀은 신분 판독기와 맥주를 결합해 보기로 마음먹었다. 그들은 사용자가 맥주통에 신분증을 갖다 대면 판독기가 사진을 찍어 사용자의 페이스북 프로필에 상태 업데이트를 올리는 대신 사용자는 맥주를 마실 수 있는 기술을 고안했다. 그들은 애초 큰 기대를 걸지 않았지만, 다음 날 프레젠테이션을 지켜본 사람들은 그 기술이 술집 이외의 장소에서 유용하게 쓰일 것으로 판단했다. 현재 그 비슷한 기술이 회의나 상품 전시회 등에서 쓰이고 있는데 참석자들이 간이 판매대 같은 장소에서 이름표를 갖다 대면 판독기가 상태 업데이트를 페이스북에 올리는 방식이다.

아마 써티세븐 시그널스37signals만큼 자율적인 근무 시간 아이디어를 폭넓게 적용하는 회사도 없을 것이다. 2012년 6월, 업무용 웹 기반 응용 프로그램을 개발하는 소프트웨어회사인 써티세븐 시그널스는 모든 직원이 각자 원하는 모든 것을 실험할 수 있는 무려 1개월의 시간을 제공하겠다고 발표했다.[87] 1개월 동안 직원들은 고객 서비스와 서버 유지관리를 제외한 모든 정규 업무 일정을 보류한다. 직원들이 그 낯선 자율적 실험에 적응하기까지는 며칠이 지나야 했지만, 결국 새로운 아이디어를 궁리하기 시작했다. 어떤 직원들은 한 달 내내 혼자 작업했고, 다른 직원들은 당장 팀을 결성했고, 또 어떤 사람들은 추가 요청이 있을 때 팀을 이뤘다. 그해 7월 11일, 모든 직원들이 '홍보일'을 맞아 다시 모였고, 거기서 1개월간의 실험 결과를 공유했다. 어느 팀은 새로운 고객서비스 수단을 발표했고, 즉각 높은 평가를 받았다. 다른 팀은 고객들이 자사의 상품과 상호작용하는 방식을 더 효과적으로 분석할 수 있는 자료 시각화 기법을 개발했다. 그들은 방대한 고객 관련 자료를 통찰의 원천으로 전환하는 방법을 둘러싼 난점을 해결했다. 호응을 이끌어내지 못한 것도 있었지만, 그날 발표된 모든 실험 결과는 새로운 혁신적 아이디어의 원천이었다.

공동창업자인 제이슨 프라이드는 그 실험을 정규 업무 방식으로 삼기로 결심했다. 그의 말을 들어보자.

"새로운 아이디어를 '마구잡이식으로 다루기 위해' 정규 업무를 한 달이나 중지할 만한 가치가 있을까? 하지만 그렇게 하지 않을 수도 없다. 기존의 사업방식만 고수하면 그런 창조적 에너지가 분출될 수 없을 것이다. 당신에게 충격을 선사할 만한 일에 도전할 시간을 주지 않으면 직원들의 잠재력을 최대화할 수 없을 것이다."[88]

직원을 관리하는 전통적인 방식에서 볼 때 직원에게 봉급을 주는 까닭은 새로운 아이디어를 만지작거리기 때문이 아니라 구체적인 과제를 완수하기 때문이다. 심지어 예술가들이 작품을 '의뢰'받을 때도 의뢰인이 기대하는 구체적인 결과물이 있다. 이런 전통은 보상이 클수록 성과도 좋을 것이라는 가정으로 합리화할 수 있고, 이런 가정 뒤에는 인센티브 신화가 자리 잡고 있다. 그러나 맥아더 펠로십 같은 프로그램은 특정 프로젝트를 수행하는 조건으로 자금을 제공하지는 않는 점에서 독특하다. 물론 수령자들에게는 장려금도 도움이 되겠지만 가장 중요한 요소는 재단 측이 그들에게 부여하는 자율성이다.

쓰리엠과 트위터 같은 여러 회사들과 맥아더 펠로십 프로그램의 공통점은 유능하고 창조적인 사람들이 내재적 동기부여형 프로젝트를 자발적으로 맡는 환경을 다른 회사나 프로그램보다 효과적으로 조성할 수 있다는 자신감이다. 단 1명의 '천재'에게 제공한 50만 달러의 장려금이 무위로 돌아갈 위험이 있듯이 자율성을 통해 창조성을 이끌어내는 과정에도 위험이 따른다. 하지만 연구에 의하면 그런 위험은 감수할 만한 가치가 있다. 맥아더 재단, 쓰리엠, 트위터 등과 같은 조직은 인위적으로 동기를 부여하기 위한 인센티브 프로그램에 자금을 낭비하는 관행이 훨씬 더 위험하다고 생각한다.

06
고독한 창조자 신화
LONE CREATOR

우리는 한 사람이 온 세상을 상대하는 이야기를 좋아하는 경향이 있다. 그리고 창조적 작업이나 혁신적 아이디어를 한 사람만의 것으로 여기는 경향이 있다. 우리는 허름한 아파트에서 글쓰기에 몰두하는 배고픈 시인, 죽을 때까지 작품이 세상에 알려지지 않은 천재 화가, 명석한 두뇌와 쓸모없는 폐품만으로 연구에 매진하는 영웅적인 발명가 등의 이야기를 좋아한다. 물론 우리는 외부적 영향의 가능성도 인정하지만, 창조 행위를 고독한 노력으로 여기는 경향이 있다. 이것이 바로 **고독한 창조자 신화**다.

고독한 창조자 신화는 창조가 혼자만의 성취라는 믿음, 그리고 혁신에 관한 이야기는 새로운 아이디어를 열렬히 파고드는 단 한 사람의 이야기라는 믿음이다. 이런 신화는 대중매체를 통해 퍼져나간다. 잡지와 신문과 책에는 온통 고독한 창조적 천재들의 이야기로 가득하다. 그런 이야기는 모든 위대한 혁신과 창조적 작업 이면의 진실, 그러니까 대개의 경우 창조적 천재들은 팀을 이루고 있었다는 점을 무시하는 경향이 있다. 반대로 천재들을 서로 이어주는 연결망과 그들이 소속된 팀은 거의 고려하지 않는다. 그리고 설령 그 부분을 고려하는 경우에도 '독주자들' 이야기의 각주로 취급할 뿐이다.

창조성이 팀의 노력이라는 점을 인식하고 창조적인 팀을 육성하는 방법을 이해하면 멋진 아이디어를 훨씬 더 많이 이끌어낼 수 있다. 하지만 우리는 탁월한 창조적 작업을 단 한 사람만의 업적으로 여길 때가 너무 많다. 이런 태도는 선택적 수정일 뿐 아니라 일종의 조작이다. 가장 유명한 발명품 중 하나이자 혁신의 상징으로 평가되는 발명품인 전구에 관한 이야기에 바로 그런 조작이 담겨 있다.

토머스 에디슨은 1만 번의 시도 끝에 전구를 발명하지 않았다.

전구 발명을 둘러싼 이야기는 세 가지 점에서 거짓이다. 첫째, 에디슨은 전구를 발명했다기보다 개량했다. 전구에 알맞은 필라멘트를 찾기 위한 1만 번의 시도도 없었고, 아마 가장 중요한 점이겠지만 사실 에디슨은 그 정도의 노력을 기울이지는 않았다. 에디슨이 혼자 작업실에서 1만 가지의 재료로 실험했다는 이야기는 진짜가 아니다. 그것은 맨 처음 에디슨의 입에서 나온 말일 가능성이 높다. 에디슨은 전구 판매에 보탬이 될까 해서 그런 이야기를 퍼트렸겠지만, 그 이야기는 점점 인기를 끌었고 결국 위험성을 내포한 신화로 굳어지고 말았다.

역사학자 로버트 프리델과 폴 이즈라엘은 전구의 기원을 추적하는 과정에서 에디슨이 전구의 특허를 신청하기도 전에 백열등을 발명한 24명의 명단을 만들었다.[89] 1845년에 특허를 신청한 직후 세상을 떠난 존 W. 스타도 에디슨보다 먼저 백열등을 발명한 사람에 속한다.[90] 에디슨이 전등과 관련한 본인의 첫 번째 특허를 신청했을 때 특허청은 그것이 스타의 특허를 침해하는 것으로 판단하고 신청을 거부했다. 1878년, 원래의 디자인을 몇 군데 수정한 뒤 에디슨은 '전등 개량Improvement in Electric Lights'이라는 제목의 특허를 신청했다. 하지만 아직 적절한 필라멘트는 찾지 못한 상태였다.

에디슨이 완벽한 재료를 발견하기까지 실험한 필라멘트의 개수는 사료에 따라

최초의 성공적인 전구 모델 에디슨은 전구를 발명했다기보다 개량했다. 에디슨보다 먼저 백열등을 발명한 사람은 존 W. 스타이다.

700개, 1천 개, 6천 개, 1만 개 등으로 다양하다. 스미스소니언 협회에 의하면 에디슨은 코코넛 섬유질이나 인간의 머리카락 같은 재료로 만든 무려 1천600가지의 필라멘트를 실험한 끝에 탄화 대나무 섬유를 발견했다.[91] 하지만 에디슨이 언론을 상대로 과장된 이야기를 많이 퍼트렸기 때문에 정확한 실험 횟수는 알기 어렵다. 에디슨은 발명 과정의 어려움과 새로운 전구의 우수성을 선전할 속셈으로 완벽한 섬유를 찾기 위해 세계 곳곳을 뒤졌다는 식으로 말했다.[92] 게다가 실제로 어떤 재료를 실험했든지 간에 에디슨은 실제로 그것을 실험한 사람이 아닐 가능성이 매우 높다. 전구에 관한 에디슨의 연구 결과의 대부분은 그가 멘로 파크에 세운 연구소의 산물이었다.

전신 기술자로 출발한 에디슨은 전신 분야의 특허를 여럿 획득했고, 이후 특허를 매각함으로써 상당한 재산을 모았다.[93] 1876년, 에디슨은 그 돈으로 뉴저지 주의 농촌 마을인 멘로 파크에 연구소를 세웠다. 이

후 6년 동안 멘로 파크 연구소는 400개 이상의 특허를 따내면서 '발명 공장'이라는 이름을 얻었고, 덕분에 그 커다란 시설에서 혼자 획기적인 혁신을 파고드는 에디슨의 이미지가 굳어졌다. 그러나 그것은 멘로 파크에서 실제로 일어난 일과 전혀 달랐다. 에디슨은 결코 고독한 발명가가 아니었다. 오히려 우리가 에디슨 혼자 만들어냈다고 알고 있는 발명품 중 다수는 실제로 그와 함께 작업한 엔지니어, 기계 기술자, 물리학자 등의 도움으로 탄생한 것이다. 그들은 자칭 '인부들'이었고 멘로 파크의 작업장 2층을 차지했다. 에디슨 주변에는 찰스 배철러, 존 애덤스, 존 크뤼시, 존 오트, 찰스 워스 등을 비롯한 약 14명의 인부들이 있었다. 멘로 파크에서 탄생한 특허증을 보면 그중 여러 명의 이름이 에디슨의 이름과 나란히 혹은 앞에 표시되어 있다. 그런데 '전등 개량' 특허증 맨 위에는 에디슨의 이름만 기재되어 있다. 하지만 그 특허는 멘로 파크가 설립된 지 2년 뒤인 1878년에 신청한 것이다. 따라서 에디슨이 전등 특허와 관련한 기술을 완전히 독자적으로 고안했을 가능성은 낮다. 오늘날 에디슨의 업적으로 알려진 전구, 전신기, 축음기 등에 관한 추가적 개량은 대부분 인부들의 노력 덕분이었거나 최소한 그들의 노력이 포함된 것이었다. 당시 에디슨은 고객들과 접촉하거나 언론을 상대하거나 잠재적 투자자들을 접대하는 일에 많은 시간을 보내고 있었다.

멘로 파크의 연구원들은 다양한 프로젝트를 다뤘다. 어떤 프로젝트는 에디슨의 고객이 의뢰한 일이었고, 다른 프로젝트는 연구원들의 고객이 의뢰한 일이었다. 그리고 심지어 연구원들이 단지 재미 삼아 다루는 부수적인 프로젝트도 있었다. 그들은 각자 개별적인 프로젝트를 추진하는 동시에 작업 공간을 자주 공유하는 등 서로 밀접한 관계 속에서 일했다. 그들은 기계를 함께 썼고, 서로 이야기를 주고받았고, 다른 프로젝트나 향후 작업에 도움이 될 듯한 통찰이나 아이디어를 주고받았다. 그들의 아이디어와 통찰은 이화수분異花受粉을 거쳤다. 즉 에디슨과 인부들은 특정 분야에 속한 고객들의 아이디어를 주저 없이 차용해 다른 분야의 발명에 응용했다. 그리고 다른 연구원들의 프로젝트와 관련한 아이디어를 차용하거나 심지어 물리적 부품도 빌려 썼다. 현재 미시간 주의 디어본에 위치한 멘로 파크 연구소에는 부품이 통째로 없어진 기계 견본들을 볼 수 있을 것이다(원래의 멘로 파크 연구소는 헨리 포드에 의해 해체된 뒤 박물관으로 그대로 이전되었다). 그 기계 견본들은 멘로 파크를 이전하거나 재현하는 과정에서 분실된 것이 아니라, 이미 연구원들이 본인의 프로젝트에 사용하기 위해 빼간 것이다. 연구원들은 꼭 필요하다고 판단될 경우 가동 중인 다른 기계의 부품을 빼가는 것으로 악명 높았고, 에디슨과 연구원들에게는 다양한 작업을 의뢰하는 많은 고객들이 있었다. 멘로 파크의 연구원들도 빛나는 아이디어의 원천이었음을 감안할 때 그들의 존재가 에디슨에 관한 이야기에서 누락될 때가 많은 점은 이해하기 어렵다. 하지만 그것은 우연이 아니라 계획에 의한 결과였다.

작업을 하나씩 진행하면서 연구원들은 에디슨이라는 이름의 위력을 재빨리 간파했다. 그들이 보기에 잠재적 고객들은 아이디어의 주인이 한 사람인 경우, 특히 그 한 사람이 에디슨인 경우를 좋아하는 것 같았다. 늘 새로운 투자자를 찾기 위해 애쓰던 연구원들은 에디슨의 이름값을 무시할 수 없다는 점을 깨달았고, 인간 에디슨을 신화에 나오는 외로운 천재로 탈바꿈시켰다. 에디슨과 연구원들보다 에디슨 혼자의 홍보 효과가 더 컸다. 심지어 완벽한 필라멘트를 찾아 '세계 곳곳'을 뒤졌다는 이야기도 전구에 대한 관심을 끌기 위한 의도적 홍보 전략의 일환이었을 가능성이 있다. 사실 그 이야기가 나돌기 시작했을 때 이미 에디슨은 작업실에 있던 접이식 부채에서 대나무 섬유를 발견했다. 외부인들이 보기에 에디슨은 놀라운 발명품을 잇달아 내놓은 외로운 천재였다. 그러나 오랫동안 에디슨의 조수로 일했던 프랜시스 젤에 의하면 내부인들은 "에디슨이 사실 집합명사였고, 그것은 여러 사람들의 작업을 의미했다"라는 사실을 알고 있었다.[94]

에디슨과 연구원들은 사람들이 그토록 믿고 싶어 하는 고독한 창조자 신화를 십분 활용했다. 그들 입장에서는 획기적인 혁신에 필요한 자금을 확보하기 위해 신화를 이용하는 것은 충분히 가치 있는 일이었다. 그런데 고독한 창조자 신화는 기술 분야에 국한된 현상이 아니다. 고독한 창조자 신화는 거의 모든 창조적 분야에 출몰한다. 먼저 예술 분야로 눈길을 돌려보면 흔히 우리는 미켈란젤로 하면 시스티나 성당의 천장에 설치된 비계 위에서 혼자 열심히 벽화를 그리는 이미지를 떠올린다. 그런데 사실 미켈란젤로에게는 작업을 도와주는 13명의 보조 예술가들이 있었다.[95]

영화 분야도 마찬가지다. 예를 들어 아카데미상을 받은 시나리오 작가 론 배스에게도 초안을 잡고 원고를 작성하는 일을 도와주는 6명의 작가와 조사원으로 구성된 팀이 있다. 그런 협업 덕분에 배스는 총 20억 달러 이상의 수익을 올린 16편의 장편영화 시나리오를 단독 혹은 공동으로 집필할 수 있었다. 고독한 창조자 신화에 집착하는 사람들은 배스의 협업 방식을 비난하기 쉽다. 순수주의자들의 시각에서는 시나리오 조차 외로운 노고의 산물이어야 한다. 하지만 에디슨과 마찬가지로 미켈란젤로와 배스도 창조자 겸 사업가로 바라봐야 한다. 자신의 이름값에 기댄 상당한 규모의 작업팀을 구성하고 그런 협업을 통해 이름값을 더 끌어올린 점에서 말이다.

1995년, 케빈 던바는 고독한 창조자 신화에 물든 또 다른 영역인 과학 분야에서 협업이 진행되는 방식을 연구하기로 결심했다. 맥길 대학교 소속 심리학자인 던바는 기존의 심리학적 연구방식에서 벗어난, 그리고 인류학과 민족지학의 현지 조사를 모방한 매우 이례적인 연구에 착수했다. 기존의 심리학 연구에는 표본 수집, 설문조사, 검사 등의 방법이 동원되는 반면, 인류학과 민족지학 연구는 현장에서의 행위를 관찰하는 작업에 초점을 맞춘다. 던바는 미생물학 연구실을 '현장'으로 삼았다. 던바는 과연 획기적인 통찰이 어디서 어떻게 탄생하는지 확인하기 위해 4개의 유명한 미생물학 연구실 내부에 카메라를 설치했다.[96] 예술과 발명 분야와 마찬가지로 과학계 종사자들도 여러 명이 팀을 구성해 이뤄낸 업적을 연구논문의 제1저자나 전체 명단 중 가장 유명한 사람의 공으로 돌리는 관행에서 알 수 있듯이 고독한 창조자 신화를 고수하는 경향이 있다. 하지만 던바의 연구에서는 우리의 짐작과 달리 획기적인 통찰이 연구실에서만 생기지 않는다는 사실이 드러났다. 오히려 통찰이 가장 자주 생기는 곳은 회의용 탁자였다.

던바가 관찰한 4개의 연구실에서 탄생한 중요한 아이디어 대부분은 실험 도중에 등장하는 대신에 연구자들이 모여 정보를 공유하고 실패 사례나 특이한 발견사항에 관한 대화를 나누는 기회인 정규 연구 회의 도중에 등장했다. 여러 연구자들이 각자의 발견사항을 공유했기 때문에 자연스레 특정 연구자가 그것과 자신의 프로젝트의 연관성이나 자신이 알고 있는 다른 연구자의 프로젝트와의 연관성에 주목하게 되었다. 연구자들이 자신이 진행하는 연구에서 겪은 실패 사례를 소개하면 나머지 연구자들도 그것과 비슷하면서도 약간 다른 연구에서 경험한 문제와 그것의 극복 방법을 알려줬다. 그런 연관성에서 혁신적 해법이 생겨났다. 흥미롭게도 던바가 연구자들에게 물어봐도 그들은 본인의 창조적 통찰이 어디서 비롯되었는지 정확히 기억하지 못했다. 오히려 그들은 꾸며낸 이야기를 했고, 어떤 연구자는 자신만의 사연을 꾸며내는 것 같기도 했다. 반면, 연구 회의 같은 평범한 요소에 전적으로 공을 돌리는 연구자는 드물었다.

던바는 서로 다른 배경을 갖고 있고 서로 다른 프로젝트를 진행하는 사람들로 구성된 다양한 팀이 활동하는 연구실일수록 더 많은 창조적 통찰에 도달하고 더 의미심장한 연구 결과를 내놓는다는 점도 발견했다. 앞서 언급했듯이 미생물학처럼 전문적이고 고차원적인 분야의 과학자들도 에디슨의 인부들과 비슷하게 함께 작업하면서 다양한 지식을 공유했다. 하지만 던바가 발견하지 못한 점은 최적의 창조성을 위해서 팀이 얼마나 다양한 사람들로 구성되어야 하는가였다. 그것을 알기 위해서는 미생물학 연구실에서 브로드웨이 무대로 발걸음을 옮겨야 한다.

브로드웨이 무대에 오르는 작품 중에 한 사람만이 만들어낸 것은 없다. 원맨쇼에도 대본, 무대연출, 조명 같은 여러 부분에서 도움을 주는 인력이 필요하다. 노스웨스턴 대학교의 경영학 교수 브라이언 우지와 유럽경영대학원의 경영학 교수 재럿 스피로는 바로 그런 협업의 필요성에 주목했다. 두 사람은 다양성과 협업이 브로드웨이 뮤지컬의 창조성과 성공에 얼마나 많은 영향을 미치는지 알고 싶었다. 브로드웨이의 대다수 예술가들은 동시에 1개 이상의 뮤지컬에 참여한다. 그러므로 한꺼번에 여러 개의 작품에 가담하는 다양한 팀의 구성원들과 관계를 맺는다. 그들은 서로 다른 여러 프로젝트에서 동일한 인물들과 만날때도 있고, 각 프로젝트마다 전혀 낯선 사람들을 만날 때도 있다. 우지와 스피로는 그런 인간관계의 다양성이나 친밀도가 작품의 성패나 질에 영향을 미치는지 조사하기로 했다.

두 사람은 1945년부터 1989년까지 브로드웨이에서 제작된 거의 모든 뮤지컬을 분석했다.[97] 그들은 협업이 이뤄졌고 인맥이 확실히 형성된 경우라면 제작 이전에 취소된 작품도 포함시켰다. 모든 관련 정보를 수집하기란 결코 쉽지 않았다. 일부 기록은 기존의 연구를 통해 쉽게 입수할 수 있었지만, 때로는 필요한 자료를 수집하기 위해 당시의 급료 명세서나 잡지 기사까지 뒤져야 했다. 스피로는 다음과 같이 회고한다.

"그때는 브로드웨이에 관한 인터넷 데이터베이스가 없었다. 우리는 다각적인 정보원을 활용해 한 편의 뮤지컬을 재구성했고, 자료를 일일이 손으로 입력했다. 자료의 몇몇 허점을 메우거나 특정 작품의 누락된 정보를 수집하기 위해 마이크로필름으로 잡지 《버라이어티》 수십 년 분량을 들여다봐야 했다."[98]

결국 474편의 뮤지컬과 콜 포터와 앤드루 로이드 웨버 같은 브로드웨이의 여러 전설적인 인물들을 비롯한 2천92명의 예술가들의 데이터베이스가 확보되었다. 일단 데이터베이스가 구축되자 두 사람은 협업의 복잡한 연결망과 연출가, 작가, 배우, 안무가 사이의 관계를 추정하기 위해 각 작품을 분석했다. 분석 결과 브로드웨이 뮤지컬의 세계는 정말 서로 복잡하고 촘촘하게 얽힌 거미줄이었다. 많은 사람들이 한 작품을 위해 함께 일하다가 작품이 끝나면 각자의 길을 걸었고, 그러다가 몇 년 뒤에 새로운 작품에서 몇몇 동일한 인물들과 다시 만나 일했다. 그런 역동성 덕분에 브로드웨이 공동체는 이른바 '좁은 세상 연결망'을 갖게 되었다. 좁은 세상 연결망은 팀이 결성과 연결과 협업과 해산을 반복하기에 알맞은 토양이다.

우지와 스피로는 특정 제작 연도에 반복된 협업의 정도를 측정하는 방법, 즉 그들이 '좁은 세상 지수' 혹은 줄여서 큐Q 점수로 부른 값을 계산하는 방법도 발견했다. 큐 점수는 브로드웨이의 뮤지컬 제작팀이 특정 제작 연도에 얼마나 다양한 사람들로 구성되었는지를 보여주는 수치였다. 큐 점수가 높으면 제작팀의 구성원들이 조밀하게 연결되어 있다는 말이고, 그것은 더 많은 예술가들이 서로를 알고 있고 더 많은 예술가들이 여러 프로젝트에서 협업을 펼친다는 의미였다. 큐 점수가 낮으면 예술가들 사이의 친밀도와 협업의 빈도가 낮다는 의미였다. 우지와 스피로는 각 연도의 큐 점수를 해당 연도의 작품들이 거둔 금전적 성공의 정도나 그 작품들을 대한 호평의 정도와 비교했다. 우리가 팀이라는 대상에 관해 알고 있는 바를 고려할 때 상대적으로 높은 큐 점수를 받은 제작팀, 즉 과거에 함께 일한 경험이 많은 사람들로 구성된 팀일수록 뛰어난 성과를 올리고 더 창조적이고 성공적인 작품을 제작하리라고 가정하는 것이 논리적이다. 우지와 스피로의 연구 결과는 이런 가정과 일치하지만, 놀랍게도 일정 시점까지만 그렇다. 협업이 많아짐에 따라 작품의 성공 확률도 늘어나는 경향을 나타내는 그래프는 사선이 아니라 엎어놓은 U자와 더 비슷했다. 우지의 말을 들어보자.

"결과를 처음 확인했을 때 나는 '대단한데'라고 생각했다. 그것은 공동체의 연결망 구조가 거기 포함된 창조적 예술가들의 성공과 관계 있음을 보여주는 빅데이터를 이용한 최초의 증거였다."[99]

즉 연결망 구조의 다양성을 나타내는 특정 제작 연도의 큐 점수가 올라갈 때 일단은 그 연도의 재정적, 예술적 성공 확률도 증가했지만 결국에는 감소했다. 큐 점수의 최저치는 1점, 최고치는 5점이었는데 우지와 스피로가 계산한 최적의 큐 점수는 약 2.6점이었다. 특정 뮤지컬의 큐 점수가 2.6점인 연도에 그 작품이 흥행을 거둘 확률은 큐 점수가 최하점인 연도에 비해 2.5배 높았고, 호평을 받을 확률은 3배 높았다.

우지와 스피로의 연구 결과는 협업의 강점과 취약성을 드러낸 것이다. 작품의 창조성은 다양한 사람들이 함께 작업할 때 향상된다. 아울러 팀원들의 친밀도도 작품의 성과에 영향을 준다. 전혀 모르는 사람들끼리 함께 일해야 하는 경우에는 아이디어 교환에 문제가 생길 수 있기 때문이다. 그러나 팀원끼리 너무 친밀한 경우도 바람직하지 않다. 예술가들이 서로 너무 밀접한 관계를 맺고 있고 서로 배경이 너무 비슷하면 모두가 동일한 재료를 이용할 수 있고 창조적 집단사고를 통해 진정으로 새로운 아이디어를 내놓지 못할 수 있다. 따라서 밀접한 인맥과 참신한 시각이 적절히 조합된 경우의 협업이 성공 확률이 높다고 볼 수 있다. 참가한 예술가들이 협업의 규범을 신속하게 확립할 수 있을 뿐 아니라 다른 예술가들의 색다른 경험과 새로운 지식도 활용할 수 있기 때문이다. 스피로의 설명을 들어보자.

"혁신에 가장 적합한 팀은 오래된 동료들과 신참들이 뒤섞여 있는 팀이다. 왜냐면 새롭고 신선한 아이디어가 등장한 뒤 그것을 바탕으로 실행 가능하고 그럴싸한 결과가 도출될 때만 혁신이 일어나기 때문이다. 신참들은 신선한 아이디어를 내놓고, 오래된 동료들은 그것을 바탕으로 타인들로부터 가치를 인정받을 수 있는 성과를 내기 위한 협력 방안에 관한 지혜를 제공한다."[100]

제작팀 내부의 다양성을 최적화하기 위해 브로드웨이는 새롭고 다양한 관점과 노련한 동료들을 적절히 조합한 연결망을 구축할 필요가 있다. 우지는 다음과 같이 주장한다.

"설령 서로 안면을 트고 각자의 업무 습관을 알게 되기까지는 팀원 사이의 효율적인 의사소통이 어려워도 팀원을 교대로 기용하는 것이 창조성의 결정적인 요소로 작용한다."[101]

이런 완벽한 조합이 이뤄질 때 예술가들은 효율적으로 교류할 수 있을 뿐 아니라 새로운 아이디어를 주고받는 과정에서 상호이득을 볼 수도 있다.

우지와 스피로의 연구 결과는 던바가 관찰했던 연구실에서 나타난 현상을 이해하는 데 도움이 된다. 앞서 살펴봤듯이 던바의 연구에 의하면 다양한 구성원들이 존재하는 팀일수록 더 창조적인 통찰과 획기적인 아이디어를 내놓았다. 연구에 참여한 과학자들이 모두 동일한 배경을 지닌 채 모두 동일한 실험에 매달리면 모두 동일한 해법을 떠올릴 가능성이 높다. 하지만 서로 다른 분야의 사람들이 다양한 실험에 참여하는 연구실에서는 모두가 서로의 지식을 공유하면서 이득을 볼 것이다. 던바가 관찰한 연구자들이 실패 사례나 특이한 발견에 직면할 때 가장 유력한 해법을 제시해주는 것은 다양한 배경을 지닌 동료들이었다(여기서 주목할 만한 점은 던바가 관찰한 대상이 지나친 다양성을 억제하는 경향이 있는 미생물학 연구실이라는 사실이다).

에디슨과 인부들의 경우도 마찬가지였다. 에디슨은 자신과 전공 분야가 같은 전신 기술자들만 채용하지는 않았다. 엔지니어, 기계 기술자, 물리학자 등 다양한 분야의 전문가를 고용했다. 그는 다양한 배경의 인부들로 이뤄진 연결망을 구축했고, 그 연결망을 바탕으로 다양한 인부들로 구성된 팀을 만들었다. 게다가 인부들은 동시에 하나의 프로젝트에만 집중하지 않았다. 그들은 한꺼번에 여러 프로젝트를 다뤘다. 그들은 필요한 경우 팀을 이뤄 어떤 프로젝트에 참가했다가 그 프로젝트가 끝나면 다른 프로젝트에 집중하기 위해 해산했다. 에디슨과 인부들은 새로운 시각과 과거의 경험을 적절하게 조합했다.

던바의 연구 결과와 우지 및 스피로의 연구 결과에는 고독한 창조자 신화를 반박하는 혜안이 담겨 있다. 그것은 바로 창조가 단체경기라는 점이다. 기존의 인맥과 새로운 인맥을 건전하게 조합할 때, 과거의 경험과 낯선 시각을 공유할 때 팀이 가장 효과적으로 작동한다. 창조적 아이디어에 관해 폭넓게 알고 있고 그것을 효율적으로 공유하는 팀이 새롭고 혁신적인 작업에 가장 적합한 팀이다. 가장 창조적인 팀이 오래된 동료들과 신참들의 적절한 조합을 통해 탄생한다면 가장 창조적인 기업은 그 자체로 하나의 좁은 세상 연결망일지 모른다. 기업 자체가 직원들을 적절히 조합해 팀을 구성할 수 있는 좁은 세상 연결망이면 직원들은 서로 효율적으로 상호작용하면서 협조할 수 있고, 해당 기업은 창조적 성공의 가능성을 높일 수 있을 것이다.

사통팔달의 창조적 연결망에 힘입어 완벽한 조합을 이룬 팀이 활동할 수 있는 곳이라고 하면 아마 뉴욕, 샌프란시스코, 파리 같은 도시가 떠오를 것이다. 반면, 매사추세츠 주의 뉴턴 시가 떠오르는 사람은 드물 것이다. 그러나 뉴턴 시는 무명에 가까운 어느 합명회사가 컨티뉴엄이라는 디자인 및 혁신 자문회사로 발전한 곳이다. 현재 컨티뉴엄은 소비재, 금융서비스, 스포츠용품, 소매 디자인, 의료기기 등의 다양한 분야에서 맹활약하고 있다.[102] 1983년에 설립된 이래 컨티뉴엄은 소형 상점에서 200명의 직원을 거느리고 로스앤젤레스, 서울, 상하이, 밀라노를 비롯한 세계 유수의 도시에 영업소를 둔 기업으로 발돋움했다. 창업한 지 30년도 지나지 않아 컨티뉴엄은 75개 이상의 국제 디자인 우수상을 포함한 200개 넘는 디자인상을 획득했고 의료기기, 은행 서비스 모델, 산업용 로봇, 리복 펌프, 그리고 스위퍼 제품군(드라이Dry, 웻 젯Wet Jet, 더스터Duster) 같은 획기적인 제품을 디자인했다.

컨티뉴엄의 문을 두드리는 고객사들은 대부분 새로운 제품과 서비스, 혹은 새로운 사용자 경험 디자인을 원하지만 그런 제품과 서비스는 컨티뉴엄에서 다양한 개발단계를 거치게 된다. 어떤 고객사는 연구조사와 초기 구상작업이 필요하고, 다른 고객사는 본격적인 전략 개발로 이어지는 대규모 연구조사가 필요하다. 또 어떤 고객사는 자체 디자인에서 파생된 기술적 문제의 해결이 필요하고, 또 다른 고객사는 복잡한 의료기기나 심지어 새로운 사업 모형을 개발할 필요가 있다. 흔히 고객사들은 하나의 문제를 안고 컨티뉴엄에 찾아왔다가 또 하나의 문제를 드러내고 만다. 그것은 컨티뉴엄 직원들이 한 걸음 물러나 다양한 관점과 더 폭넓은 시야로 고객에게 필요한 사항을 바라보기 때문이다. 컨티뉴엄의 설립자 지안프랑코 자카이는 다음과 같이 말한다.

"우리는 대부분의 프로젝트를 이른바 준비단계에서 출범시켰다. 준비단계는 디자인 의뢰를 받은 대상에서 한 걸음 물러나는 것, 그리고 혁신을 의뢰받은 제품의 맥락을 진정으로 이해하는 절차였다. 준비단계 개념은 우리의 전략 작업으로 성장했고, 그것은 현재 우리 사업의 기본적인 부분으로 자리 잡았다."[103]

이렇듯 꼼꼼하고 획기적인 수준의 혁신을 달성하기 위해 자카이는 디자이너, 엔지니어, 심리학자, 예술가, 경영학 석사, 민족지학자 등 다양한 직종의 인재들로 팀을 구성했다. 자카이의 설명을 더 들어보자.

"기본 개념은 우리가 시도하는 디자인과 혁신이 고객들의 깊이 있는 지식과 우리의 폭넓은 지식을 적절히 결합하고 다양한 분야를 아우르는 진정한 연속체라는 점이었다."

다양한 직종의 인재들은 필요한 경우 고객사에서 의뢰한 프로젝트를 수행하기 위해 팀을 이루고, 때로는 동시에 몇 가지 프로젝트를 다뤘다. 컨티뉴엄은 디자이너들이 다양한 종류의 디자인과 사업적 도전과제를 경험하고 다양한 업종, 인생 경험, 문화적 관점을 바탕으로 아이디어를 이화수분cross-pollination할 수 있도록 하기 위해 다양한 분야의 고객사를 확보했다. 컨티뉴엄이 가장 중시하는 부분은 표적집단을 이용한 면접조사가 아니라 평범한 사람들의 삶에 관한 민족지학적 연구를 통해 수집하는 소비자의 목소리다.

피앤지의 혁신적인 제품 스위퍼 웻 젯은 피앤지가 주택 바닥 세척과 관련한 새로운 사업을 시작하기 위해 컨티뉴엄의 문을 두드리면서 탄생했다. 컨티뉴엄은 사람들이 일상생활에서 실제로 바닥을 청소하는 방식을 오랫동안 연구한 끝에 많은 사람들이 바닥 청소에 투자하는 시간이나 대걸레를 빨기 위해 허비하는 시간이 비슷하다는 사실과 더러운 대걸레는 바닥 주변을 더럽힐 뿐이라는 사실을 발견했다. 기존의 대걸레는 청소에 도움이 되지 않았다. 컨티뉴엄은 청소 속도와 효과를 향상시킬 수 있는 제품을 개발할 필요가 있었다. 컨티뉴엄의 새로운 도전 과제는 소비자들에게 단지 더 깨끗한 바닥을 제공하는 것이 아니라 대걸레로 바닥을 더 신속하고 깨끗하게 닦는 방법을 선사하는 것이었다. 컨티뉴엄은 그런 인식을 바탕으로 새로운 청소도구를 개발했다. 그것은 일단 더러워지면 버릴 수 있는 축축한 걸레를 막대에 장착하는 방식으로 바닥을 더 빠르고 손쉽게 청소할 수 있는 도구였다.

컨티뉴엄에서는 팀원들이 협업을 펼치면서 내부적으로 서로 다양한 의견과 관점을 공유한다. 모름지기 서로의 입장이 정해지면 그것을 둘러싼 경쟁이 발생한다. 때로는 논쟁도 일어난다. 하지만 일반적인 조직과 달리 컨티뉴엄에서 '승리하는' 주장은 한 사람만의 관점이 아니라 모든 팀원들의 전문지식을 조합한 결과다. 그렇게 여러 관점을 조합하는 과정에서도 최종 소비자에게 놀라운 경험을 선사하면서 동시에 고객사에게 경제성을 담보해주는 디자인이라는 공동의 목표는 그대로 유지된다. 컨티뉴엄의 디자이너들은 소비자에 대한 각자의 경험과 지식이 고객사의 능력과 조합될 때 이 세상에 진정으로 보탬이 되는 혁신적인 디자인을 낳을 수 있다고 믿는다. 이런 협업적 혼돈 상태는 일견 무질서해 보이지만, 현재 획기적인 혁신의 통로 역할을 톡톡히 하고 있다.

1988년, 리복은 운동화 뒤꿈치의 소재가 운동에너지의 포착 및 반동을 담당하는 나이키의 새로운 에어 기술에 맞불을 놓기 위해 컨티뉴엄에 손을 내밀었다. 나이키는 그 혁신적인 기술과 마이클 조던의 이름값 덕분에 대성공을 거뒀고, 금세 리복을 추월해 미국 최고의 운동화 회사로 발돋움했다. 초기 조사를 거친 뒤 컨티뉴엄은 나이키에서 주장하는 유의미한 '에너지 반동' 시스템을 만들어내기는 불가능하다는 결론을 내렸다. 자카이의 회고담을 들어보자.

"나와 함께 회사를 설립한 제리 진들러는 숙련된 물리학자 출신이고 당시 그 프로젝트를 맡은 팀의 일원이었다. 물리학적 분석에 의하면 그 것은 최소한의 개선 이상은 불가능했다. 우리는 에너지 반동 시스템을 제공하기 위한 여러 아이디어를 고안하고 평가했지만, 결국 제품의 성능에 진정한 차이를 이끌어내지 못한다는 사실을 깨달았다."

더구나 리복이 그 비슷한 시스템을 고안하는 것만으로는 역부족일 듯했다. 자카이는 "그것은 일종의 '모방' 해법이었다"라고 털어놓는다. 시장에 충격파를 던지기 위해서 리복은 전혀 새로운 기술을 발명해야 할 것 같았다. 컨티뉴엄의 프로젝트팀은 선수들에게 필요한 점이 무엇인지 알아내기 위해 직접 고등학교 농구팀의 행동을 관찰했다. 그들은 쑥쑥 크는 선수들의 경기력이 너무 조이거나 헐렁한 농구화의 영향을 받는 점을 발견했다. 또한 쑥쑥 자라는 자녀들의 발에 맞춰 몇 달마다 농구화를 새로 사주지 못하는 부모들의 고충도 알게 되었다. 자카이의 기억에 의하면 그 무렵에 보스턴 셀틱스의 어느 유명 선수는 발목 부상으로 시즌 대부분을 벤치에서 보내고 있었다.

발목 부상과 금방 커지는 발은 얼핏 무관해 보이겠지만, 그 두 가지의 조합은 컨티뉴엄이 전혀 새로운 아이디어에 도달하는 디딤돌이 되었다.

"우리는 '발목을 안정시킬 수 있다면 어떨까? 우리가 선수의 실력을 최대한 발휘할 수 있도록 발목을 안정시켜 주는 정말 가벼운 방식을 제공해줄 수 있다면, 그리고 프로농구 선수들처럼 평범한 아이들에게도 주문제작형 농구화를 제공할 수 있다면 어떨까?'라고 생각했다."

새로운 아이디어를 추진하는 동안 자카이는 과거에 디자인에 관여했던 팽창형 석고 붕대가 생각났다. 그것은 공기의 압력을 이용해 부상 부위를 고정하는 도구로, 예를 들어 스키장 안전요원들이 부상당한 이용객을 이송할 때 공기압을 이용해 다리나 팔을 고정할 때 사용할 수 있었다. 컨티뉴엄의 프로젝트팀은 운동화 발목 주위에 그런 팽창형 공기주머니를 부착하면 운동화의 무게를 크게 늘리지 않고도 부상 예방에 도움이 되리라고 판단했다. 일부 팀원들은 보건 분야에서 일한 경험이 있었고, 그들은 2장의 플라스틱을 서로 접합하면 튼튼한 점적 주사용 주머니를 만들 수 있고, 그런 디자인을 적절히 수정하면 신형 운동화 내부에 장착할 공기주머니를 만들 수 있다는 점을 깨달았다. 컨티뉴엄은 신발의 공기압을 조절할 수 있어야 하는 점, 그리고 그렇게 할 수 있는 편리한 방법은 별도의 도구를 디자인하는 것이 아니라 공기주머니를 운동화 속에 장착하는 것이라는 점도 깨달았다. 컨티뉴엄의 엔지니어들은 제조 공정에서 운동화 내부에 삽입할 수 있는 공기주머니를 만들어냈다. 그렇게 리복 펌프가 탄생했다.

리복 소속의 팀원들에게 그 아이디어는 혁명적인 것이었다. 한편 컨티뉴엄 소속의 팀원들은 과거에 다양한 분야에서 쌓은 지식과 경험이 그 새로운 통찰로 귀결되었다고 생각했다. 물론 다른 회사의 디자인팀들도 팽창형 운동화라는 아이디어에 도달할 수 있었겠지만, 다양한 기술을 조합하는 컨티뉴엄 특유의 과정은 적절한 아이디어를 재빨리 포착하고 견본을 시험해 가치를 검증한 뒤 신속하고 저렴한 비용으로 제품화할 수 있는 밑거름이 되었다. 컨티뉴엄의 프로젝트팀은 그간의 충분한 경험 덕분에 미처 충족하지 못한 소비자의 욕구를 파악하고 고객사인 리복의 동의를 이끌어냈고, 결국 아이디어를 제품화해 출시할 수 있었다. 그들은 기존의 기술과 공급업자들을 통해 리복의 제품군을 혁신할 제품을 만들어냈다. 프로젝트의 총비용은 45만 달러 미만이었고, 제품이 출시되자마자 리복은 무려 10억 달러 이상의 매출을 올렸다.

컨티뉴엄의 혁신과 리복의 펌프 운동화는 컨티뉴엄, 리복, 그리고 점적 주사용 주머니 제조업체 같은 여러 공급업체들의 노력에 따른 성과다. 마찬가지로 컨티뉴엄의 프로젝트팀도 펌프 운동화에 관한 아이디어를 떠올린 공로를 특정 디자이너에게만 돌릴 수 없다. 펌프 운동화를 탄생시킨 주역은 컨티뉴엄의 협업 시스템이다. 컨티뉴엄에는 특정 프로젝트의 필요성에 따라 프로젝트팀이 결성과 해체를 반복할 수 있는 연결망이 마련되어 있다. 컨티뉴엄은 그간의 축적된 경험과 현재 활동하는 디자이너들을 통해 창조적 통찰을 지속적으로 자극할 수 있는 연결망을 구축했다. 자카이의 설명을 들어보자.

"새로운 프로젝트를 맡을 때마다 우리는 가장 이롭고 유익한 정보를 드러낼 것으로 판단되는 요소를 바탕으로 팀을 구성한다. 따라서 우리는 고객들의 문제가 무엇인지를 이해하기 위해 그들과 긴밀하게 협조한 뒤 적재적소에 인재를 배치한다."

브로드웨이의 뮤지컬 작품에 대한 스피로와 우지의 연구 사례에서 살펴봤듯이 리복 펌프 운동화의 새로운 디자인이 대성공을 거둔 비결은 컨티뉴엄의 다양한 인재와 고객사의 다양한 인재가 적절히 조합된 덕분이었다.

에디슨과 인부들, 던바가 관찰한 과학자들, 컨티뉴엄의 프로젝트팀 등의 사례에서 획기적인 혁신의 밑거름으로 작용한 것은 다양한 경험의 조합과 효율적인 지식의 공유였다. 하지만 고독한 창조자 신화에 빠진 사람은 이처럼 다양한 사람들로 구성된 팀의 중요성을 외면한 채 혁신을 단 한 사람의 공로로 돌리는 우를 범할 수 있다. 고독한 창조자 신화는 우리의 창조성을 저해할 우려가 있다. 우리가 혁신을 한 사람만의 노력으로 여기면 각자에게 필요한 연결망으로부터 벗어날 가능성이 높아진다. 우리는 궁핍한 시인, 은거하는 화가, 외로운 발명가 같은 가공의 이미지를 동경하고, 그들처럼 행동하면 더 멋진 아이디어에 도달하는 데 보탬이 될 것이라고 생각한다. 그러나 이 세상에서 가장 혁신적인 기업들은 다양성의 필요성, 그리고 신참과 고참이 골고루 섞인 프로젝트팀의 중요성을 인식하고 있다. 그런 기업의 프로젝트팀은 연결과 협업과 해체를 반복한다. 자신의 다양한 관심과 과거의 경험을 토대로 팀을 구성할 기회가 주어질 때 개인의 창조적 잠재력이 증가한다.

컨티뉴엄의 가장 중요한 혁신은 새로운 운동화나 색다른 종류의 대걸레가 아니다. 그것은 컨티뉴엄이 발견한 과정, 즉 회사가 적절한 프로젝트팀을 결성하고 지속적으로 참신한 통찰과 공통의 경험을 조합하도록 독려하는 과정이다. 그런 프로젝트팀이 존재하기 때문에 리복 펌프 운동화 같은 혁신은 컨티뉴엄의 유일한 성공담이 아니다. 리복 펌프 운동화처럼 창조적인 제품은 늘 디자인되고 있다.

07

브레인스토밍 신화
BRAINSTORMING

창조성

창조성을 분출시킬 필요성을 느낄 때 대부분의 조직은 다음과 같은 공식을 따른다. 팀을 구성해 팀원들을 화이트보드용 펜이나 접착식 메모지가 비치된 회의실에 모아놓은 뒤 최대한 많은 아이디어를 자유롭게 쏟아 내라고 말한다. 요컨대 그들은 브레인스토밍을 시도한다. 하지만 사실 그들은 브레인스토밍이라고 여기는 것을 시도할 뿐이다. 그들은 **브레인스토밍 신화**에 빠져 있다.

브레인스토밍 신화는 멋진 아이디어는 혁신에 필요한 전부라고, 되도록 많은 아이디어를 떠올리면 새로운 프로젝트의 성공을 장담할 수 있는 발판이 마련될 것이라고 속삭인다. 일단 각자의 아이디어를 마음껏 쏟아 내고 나서 팀원들은 모든 아이디어를 검토한 뒤 그중에서 세상에 내놓을 만한 충분히 무르익은 아이디어 하나를 골라낸다. 자, 임무가 완수되었다. 브레인스토밍은 그들이 수행하는 창조 과정의 시작이자 끝이다. 상당히 흥미롭게도 창조성과 혁신을 다룬 대부분의 서적들은 브레인스토밍 신화를 집중적으로 거론하고 있다. 창조성을 주제로 삼은 책을 펼쳐보면 아마 짧은 시간 안에 되도록 많은 아이디어를 떠올리는 연습으로 가득할 것이다. 이렇듯 아이디어의 신속한 도출은 창조성의 본질로 굳건하게 자리 잡고 있다. 브레인스토밍이 이처럼 널리 유행하게 된 까닭은(그리고 이처럼 위험해진 까닭은) 아이디어를 도출하는 기법으로서의 브레인스토밍 자체에 나쁜 점이 전혀 없고, 아이디어 도출이 창조성의 중요한 요소라는 사실 때문이다. 올바른 방식으로 실행할 경우 브레인스토밍은 팀원들이 여러 가지 아이디어를 내놓은 뒤 그중에서 가장 참신하고 유용한 것을 골라낼 때 도움이 된다. 그러나 브레인스토밍을 올바르게 진행하는 경우는 드물다. 그리고 아예 진행할 필요가 없을 때도 있다.

1980년대 중반, 맥주 산업은 창조성과 거리가 멀었다. 당시 맥주 산업은 3개의 거대 양조업체인 앤하이저 부시, 쿠어스, 밀러 등이 지배하고 있었다. 세 업체는 소규모 신생 업체를 인수하거나 그들의 제품을 모방하거나 대규모 유통망을 활용해 그들을 시장 밖으로 몰아내는 방법으로 상호 간의 경쟁을 최소화할 수 있었다. 따라서 다른 맥주를 맛보고 싶은 소비자들은 외국에서 수입한 맥주로 눈길을 돌려야 했다. 당시 미국의 맥주 시장은 많은 이들이 똑같은 맛으로 느낀 가벼운 풍미의 라거로만 이뤄져 있었다. 소비자가 딱 하나 선택할 수 있는 것은 맥주병의 상표였다.

1984년, 짐 코크가 5대째 이어온 가업인 양조업에 뛰어들기로 결심했을 때 그의 아버지는 전혀 반가워하지 않았다. 코크는 하버드 대학교에서 3개의 학위를 땄고, 보스턴 컨설턴트 그룹에서 승승장구했지만,

모든 것을 포기하고 양조업에 뛰어들기로 마음먹었다. 코크는 다음과 같이 회상한다.

"직장을 그만두고 150년 전통의 가업을 잇고 싶다고 말씀드리면서 아버지가 흡족해하실 줄 알았다. 그러나 아버지는 나를 물끄러미 바라보시다가 이렇게 말씀하셨다. '너는 그간 몇 가지 어리석은 짓을 저질렀지만, 이번은 정말 최악이구나.'"[104]

학력 수준이 높고 사업 경험도 풍부한 코크는 경쟁에 뛰어들기 위해서는 소비자들에게 전혀 다른 것을 제시함으로써 기존의 3대 맥주회사와 차별화해야 한다는 점을 알고 있었다. 사업에 막 뛰어든 사람들은 흔히 제품과 마케팅 활동에 관한 아이디어를 떠올리기 위해 되도록 많은 잠재적 제품을 만들어 시장의 반응을 살핀 다음에 전략을 세워 승부를 건다. 그러나 코크는 조금 다르게 접근했다. 그는 술을 마시러 갔다.

아버지가 뜻밖의 반응을 나타내기 전, 그러니까 양조업을 고민하고 있을 무렵 코크는 집 근처의 술집을 찾았다. 자리를 하나 잡았다. 근처에 한 남자가 값비싼 네덜란드산 맥주 하이네켄을 마시고 있었다.[105] 코크는 그 남자에게 하이네켄을 선택한 이유를 물어봤다. 그러자 "수입 맥주를 좋아하니까요"라는 대답이 돌아왔다. 코크는 맛이 어떤지 물었다. "구린내가 납니다." 방금 전 수입 맥주를 좋아한다고 말한 점을 고려할 때 그의 대답은 충격적인 평가였다. 구린내, 즉 일광취는 상한 맥주의 향을 가리키는 맥주업계의 용어다. 맥주에는 여타 식품처럼 유통기간이 있고, 빛에 노출될 경우 유통기한이 급격히 단축된다. 빛에 많이 노출될수록 맥주는 더 빨리 상하고 일광취가 더 많이 난다. 수입 맥주는 장거리 운송이 필요하고 주로 투명한 병이나 녹색 병에 담긴 채

선적된다. 투명한 병이나 녹색 병은 전통적인 갈색 병보다 빛에 취약하다. 구린내라는 말에 코크는 이거다 싶었다. 그간 여러 신생 업체를 울렸던 3대 맥주회사와 경쟁하는 대신에 훨씬 더 신선한 맛으로 최고급 수입 맥주 시장에서 경쟁할 수 있을 것 같았다. 코크는 "그들의 전체적인 사업 모형은 김빠지고 구린내 나는 맥주를 미국 소비자들에게 판매하는 것, 그리고 그것을 유럽의 이미지로 포장하는 것이었다"라고 말한다. 술집에서 일면식도 없었던 남자와 짧은 대화를 나눈 뒤, 코크는 방향을 정했다. 유럽의 이미지를 지닌 최고급 맥주로.

코크는 아버지의 집을 찾아갔다. 다른 사람들 같았으면 아마 곧장 실험실을 마련해 맥주 제조법을 시험했을 것이다. 코크의 회고담을 들어보자.

"나는 아버지와 함께 다락에 올라가 증조부의 루이스 코크 라거 제조법을 찾아냈고, 아버지는 '정말 좋은 맥주지'라고 말했다. 나는 그것을 집으로 갖고 왔고 부엌에서 정성껏 맥주를 만들어봤다. 얼마 뒤 맥주가 숙성되자 맛을 봤고, 됐다 싶었다."

그의 증조부가 남긴 제조법은 훗날 코크가 세운 보스턴 맥주회사의 주력 상품인 새뮤얼 애덤스 보스턴 라거로 이어진다. 그런데 증조부의 맥주 제조법이 보스턴 맥주회사의 든든한 대들보 역할을 맡기까지는 아직 할 일이 많이 남아 있었다. 우선 제품을 개발해야 했고, 틈새시장을 뚫어야 했다. 틈새시장을 개척하기 위해서는 소비자들에게 맥주 제조법에 관한 기본지식과 자사 맥주의 차별성을 홍보해야 했다. 다행히 아주 기발한 초기 아이디어 덕분에 보스턴 맥주회사는 미국 최대의 소량생산 맥주 양조장으로 발돋움할 수 있었다.

새뮤얼 애덤스 양조장 짐 코크는 브레인스토밍 과정 없이 폭넓은 연구와 지식으로 보스턴 라거라는 미래의 씨앗을 뿌릴 수 있는 비옥한 토양을 만들었다.

보스턴 맥주회사가 미국 전체 맥주 시장에서 차지하는 비중은 약 1퍼센트에 불과하지만, 영향력은 훨씬 막강하다. 많은 이들은 코크 혼자의 힘으로 미국에서 소량생산 맥주의 혁명이 시작되었다고 평가한다. 현재 미국에는 코코아, 딸기류, 커피, 그리고 심지어 나무 씨앗 같은 성분을 섞은 다양한 종류의 창조적인 맥주를 선보이는 1천500여 개의 소량생산 맥주 양조장이 있다.[106]

"미국의 소량생산 양조업과 미국의 맥주 문화가 세계적인 양조 기술의 본보기라는 평가를 받았으면 좋겠다. 외국인들이 미국을 가리켜 '저 나라가 바로 세계 최고의 맥주가 생산되는 곳이다'라고 말했으면 좋겠다. 현재 정말 그렇게 되는 것 같고, 외국에서도 그런 인식이 정착되도록 계속 노력하고 혁신해야 한다."[107]

보스턴 맥주회사는 설립된 지 약 30년 동안 계절 맥주와 세계 곳곳의 양조업체와의 합작품을 비롯한 40종 이상의 맥주를 선보이면서 그런 변화를 선도하고 있다.

보스턴 맥주회사와 오늘날의 맥주 산업에서 엿보이는 대단한 창조성을 감안할 때 이 모든 것을 촉발한 시발점이 술집에서의 짧은 대화와 한 가문의 유서 깊은 제조법이라는 것은 정말 인상적인 점이다. 코크는 이렇게 말한다.

"내 아이디어는 현실세계의 자극에서 비롯되었다."

또한 그는 도매상부터 소매상이나 술집에 이르기까지 모든 곳에서 아이디어를 발견한다.[108] 코크의 방법은 창조적 아이디어를 원하면 많은 아이디어를 내놓아야 한다는 통념, 즉 브레인스토밍 신화와 반대의 길을 달린다.

물론 보스턴 맥주회사도 새로운 마케팅 계획이나 심지어 새로운 제조법을 고려할 때 브레인스토밍의 덕을 볼 수 있다. 하지만 보스턴 맥주회사의 주력 상품과 보스턴 맥주회사가 거둔 성공의 대부분은 브레인스토밍이라는 특정 기법에 의존하지 않은 상태에서 비롯된 것이다. 노벨상을 두 번이나 받은 라이너스 폴링은 "훌륭한 아이디어를 떠올리는 가장 좋은 방법은 많은 아이디어를 떠올리는 것이다"라고 말했다.[109] 물론 그의 말이 옳지만 브레인스토밍이 안고 있는 문제, 브레인스토밍 신화가 이토록 끈질기게 남아 있는 이유는 다음 두 가지로 정리할 수 있다. 첫째, 브레인스토밍은 아이디어 도출의 유일한 수단으로 통한다. 둘째, 브레인스토밍은 잘못된 방식으로 실시된다.

브레인스토밍, 즉 신속한 아이디어 도출은 집단의 창조성을 활용해 참신한 아이디어를 이끌어내기 위한 유용한 기법이다. 그러나 창조성은 단지 참신한 아이디어에 관한 것이 아니라는 점을 기억하기 바란다. 어떤 아이디어가 진정으로 창조적인 아이디어를 띠려면 유용성도 갖춰야 한다. 유용성을 겸비한 아이디어를 도출하기 위해서는 브레인스토밍 차원에서 안주하지 말아야 한다. R. 키스 소여는 "대다수 조직이 실시하는 브레인스토밍은 무척 비효율적이다"라고 말한다.[110] 소여는 창조성과 협업에 관한 가장 이름 높은 연구자 중 한 사람이자 세인트루이스의 워싱턴 대학교의 교육학, 심리학, 경영학 교수다. 소여는 수십 년간 창조 과정을 연구했고, 지도 교수인 미하이 칙센트미하이 밑에서 박사 과정을 밟았다. 1장에서 살펴봤듯이 칙센트미하이는 창조 과정이 5단계로 구성된다고 주장했다. 소여는 박사 과정 지도교수인 칙센트미하이의 연구 성과를 발판으로 삼는 동시에 창조 과정의 모형을 구성하기 위해 다른 연구도 폭넓게 검토했다. 그는 면접조사를 실시하고 다수의 연구 문헌을 탐독했고, 그 모든 자료를 일관적인 과정을 거쳐 종합했다.

이용할 수 있는 모든 연구 결과를 검토한 끝에 소여는 개인과 팀이 창조적 작업을 통해 내놓고자 하는 결과물은 다음과 같은 여덟 가지 단계를 거친 것이라는 결론을 내렸다.[111]

1. **문제를 발견하고 문제의 의미를 규정한다.** 창조성은 우리가 적절한 문제를 알아볼 때, 참신한 질문을 던질 때, 올바른 방식으로 도전 과제를 명확히 표현할 때 등장한다.
2. **관련 지식을 수집한다.** 신선하고 유용한 아이디어를 도출하고 평가하려면 해당 영역에 관한 상당량의 지식이 필요하다.

3. **관련 가능성이 있는 정보를 수집한다.** 해당 영역에 관한 지식이 필수적이지만, 그 영역 외부의 아이디어와 구상을 통해 최선의 방법이 도출될 때도 있다.

4. **숙성 기간을 확보한다.** 1장에서 설명했듯이 무의식적 정신에는 모든 정보를 새로운 방식으로 처리하고 연관시킬 시간이 필요하다.

5. **다양한 아이디어를 떠올린다.** 숙성이 끝나면 아이디어와 연상이 다시 표면으로 떠오르고, 덕분에 의식적 정신은 거기에 적절히 관심을 쏟을 수 있다.

6. **뜻밖의 방식으로 아이디어를 조합한다.** 3장에서 살펴봤듯이 창조적 아이디어는 기존 아이디어나 발명의 새로운 조합의 결과일 때가 많다.

7. **최선의 아이디어를 선택한다.** 신선한 아이디어를 도출하는 일도 중요하지만, 유능한 창조자라면 유용성을 갖춘 아이디어를 식별할 줄 알아야 한다.

8. **아이디어를 구체화한다.** 창조성은 결코 완결된 과정이 아니다. 아이디어는 외부세계와 상호작용하면서 발전하고 변형되고 진화한다.

소여가 주장한 8단계의 창조 과정에서는 브레인스토밍이 배제되지 않는다. 소여는 창조적 아이디어를 내놓는 더 포괄적인 과정 안에서 쓰일 때 발휘될 수 있는 브레인스토밍의 잠재력을 인정한다. 적절한 방식으로 실시할 경우 브레인스토밍은 8단계 중 5단계(**다양한 아이디어를 떠올린다**)에 포함될 수 있다. 이렇게 볼 때 브레인스토밍은 확산적 사고를 위한 기법이지만, 최선의 아이디어에 접근하기 위해서는 집중적 사고와 짝을 이뤄야 한다. 집중적 사고는 아이디어를 조합하고 평가할 때(6단계와 7단계) 일어난다. 확산적 사고와 집중적 사고 모두에 중요한 것은 브레인스토밍 이전에 일어나는 정보수집(2단계와 3단계)이다. 적절한 지식이 없으면 적절한 아이디어를 도출하기 어렵고, 잠재력이 가장 큰 아이디어를 알아보기도 힘들다. 소여가 제시한 더 폭넓은 창조 과정의 한 단계로 간주하면 브레인스토밍은 새롭고 유익한 아이디어를 도출하기 위한 최선의 수단 가운데 하나로 볼 수 있다. 그러나 이미 언급했듯이 현실적으로 브레인스토밍을 효율적으로 실시하는 경우는 드물다. 대다수 사람들은 브레인스토밍을 여러 사람이 모여 생각나는 대로 아이디어를 쏟아 내는 것으로 여긴다. 몇 가지 아이디어를 불쑥 내놓은 뒤 보통은 목소리가 가장 큰 사람이나 직급이 가장 높은 사람이 자신의 아이디어를 선택하도록 분위기를 몰아간다. 이것은 소여가 말한 더 폭넓은 창조 과정과 배치될 뿐 아니라 브레인스토밍의 원래 고안자인 알렉스 오스본이 제시한 방식과도 배치된다.

사실 브레인스토밍은 그간 너무 많이 오용되고 남용된 나머지 원래의 고안자가 있다는 점이 간과될 때가 많다. 브레인스토밍은 원래 1957년에 알렉스 오스본이 개발한 것이다.[112] 오스본은 유명한 광고회사인 비비디오BBDO의 공동창업자이자 사업에서의 창조성에 관한 최초의 책 중 하나인 『응용 상상력Applied Imagination』의 저자다. 『응용 상상력』은 비비디오에서 그의 광고팀이 활용한 창조 과정을 체계적으로 정리한 결과물이었다. 그가 『응용 상상력』에서 '브레인스토밍'이라는 용어를 처음 썼다. 그는 휘하의 광고팀이 협업에 임하는 환경을 조사했고, 다음과 같은 '규칙'을 따를 때 창조성이 극대화된다는 사실을 발견했다.[113]

1. 되도록 많은 아이디어를 내놓는다.
2. 모든 아이디어에 대한 판단을 유보한다.
3. 정제되지 않은 아이디어를 내놓는다.
4. 서로의 아이디어를 새로운 디딤돌로 삼는다.

오스본은 '몇 가지 아이디어를 내놓는' 일반적인 관행을 따르는 팀에 비해 이 네 가지 규칙을 따르는 팀의 창조적 성과가 급격히 증가할 것으로 생각했고, 그의 추측은 옳았다. 연구 결과에 의하면 올바른 방식으로 실시한 브레인스토밍, 특히 숙련자가 진행한 브레인스토밍은 기존의 즉흥적인 협업보다 더 뛰어난 아이디어를 더 많이 이끌어냈다.[114] 브레인스토밍은 효과가 있다. 하지만 브레인스토밍만으로는 부족하다.

오스본도 막연히 사람들을 회의실에 모아 브레인스토밍을 실시해서는 진정으로 창조적인 아이디어를 도출하기에 역부족이라는 점을 알고 있었다. 그가 볼 때 창조적 아이디어와 해법은 객관적 사실, 아이디어, 해법 등의 세 가지 요소를 검토하는 데 시간을 투자함으로써 가능한 것이었다.[115] 오스본은 창조적인 팀에게는 이들 요소를 하나씩 충분히 고민하는 시간이 필요하다고 믿었다. 일반적인 브레인스토밍에서 흔히 볼 수 있듯이 곧장 해법으로 넘어가는 대신 관련 사실과 정보를 논의할 충분한 시간을 확보해야 한다. 그렇게 해야 비로소 아이디어를 도출하고 평가하는 과정이 진행될 수 있다. 실제로 오스본은 소여의 8단계 과정과 비슷한 사실 발견, 아이디어 도출, 해법 평가 등으로 구성된 3단계 과정을 고안했다.

또한 브레인스토밍에 참가한 대다수 사람들은 어떤 아이디어를 앞으로 더 많은 아이디어를 도출하기 위한 디딤돌이 아니라, 개별적 실체로만 여긴다. 소여는 다음과 같이 설명한다.

"많은 사람들이 브레인스토밍을 아이디어의 개수를 늘리는 과정으로 인식한다. 그러나 그것은 모임의 힘이 아니다. 모임의 힘은 개수 추가를 초월하는 상승 작용에서 비롯된다. 창조적인 회사들은 브레인스토밍을 실시하기 전에 모든 참가자에게 아이디어의 목록을 작성해 오도록 지시한다. 모임의 진정한 힘은 아이디어를 교환하고 서로의 아이디어를 비교하는 것, 그리고 한 사람만의 힘으로 생각하지 못할 법한 파격적이고 새로운 방식으로 서로의 아이디어를 통합하는 것이다."

조합과 변형을 거치면서 아이디어의 개수가 늘어날 뿐 아니라 품질도 급격히 향상된다. 이것이 바로 소여가 제시한 8단계 가운데 6단계(**뜻밖의 방식으로 아이디어를 조합한다**)에 해당한다.

창조성은 단지 아이디어의 도출이 아니다. 소여가 언급한 마지막 단계(**아이디어를 구체화한다**)가 매우 중요한 까닭도 이 때문이다. 소여의 주장을 들어보자.

"대부분의 사람들은 아이디어를 구체화하는 작업의 중요성을 모른다. 아이디어는 이미 충분히 무르익은 상태로 떠오르지는 않는 듯하다. 머릿속에 일단 어렴풋한 생각이 떠오르고, 우리는 그것을 서서히 다듬기 시작한다. 이후에 전개되는 가공 과정에서 또 다른 생각이 떠오른다. 그러면 방향이 달라질 것이다. 그런데 결국 모든 것이 매우 즉흥적인 과정인 듯한 느낌이 들고, 그 즉흥적 과정은 자신이 생각하는 바의 어떤 외부적 표현과 상호작용하는 고안자에서 비롯된다."

이 즉흥적 과정을 통해 아이디어가 조합되고, 새롭고 더 뛰어날 수 있는 아이디어로 이어진다. 이것은 고품질의 성과를 내고자 하는 팀에게 필수적인 단계다.

소여가 볼 때 우리가 명심할 점은 브레인스토밍의 방법, 혹은 아이디어를 도출하기 위한 그 밖의 기법을 활용하는 방법이 아니라 자신이 제시한 8단계를 모두 중시하고 통합해야 한다는 것이다. 이 점을 강조하기 위해 소여는 8단계로 구성된 전체적인 과정을 일련의 단계로 지칭하는 것도 주저한다.

"그 과정은 사실상 단계도 아니고 기본적으로 연습이나 훈련이라고 생각한다. 그것은 번갈아 일어난다. 우리는 그 모든 과정을 통과한다. 하루 중 각각 다른 시간에 그것을 활용한다. 그것은 대략 시간적 순서로 귀결되는 경향이 있지만, 그렇지 않을 때도 많다."

두드러지게 창조적인 사람이나 팀이라면 잘 알고 있듯이 창조성은 완전히 직선적인 과정이 아니다. 소여는 마지막 단계(아이디어를 **구체화한다**)를 예로 들어 말한다.

"나는 그것이 순서적으로 마지막 단계라고 말하지만, 확실히 그것은 시작할 때부터 존재한다. 출발할 때부터 아이디어를 구체화하기 시작해야 한다. 그러면 새로운 아이디어를 떠올릴 수 있다. 그것은 당신이 문제에 관해 생각하는 방식을 변화시킨다."

치밀한 연구에 기초한 그의 견해에 의하면 아이디어의 구체화는 각 단계마다 일어나야 한다. 그래야 아이디어가 지속적으로 발전될 수 있다. 이 점은 브레인스토밍의 적절한 진행이 중요한 이유이기도 하다. 브레인스토밍은 아이디어를 구체화하고 아이디어가 변화를 거칠 수 있는 기회다.

소여가 말한 각 단계는 짐 코크와 새뮤얼 애덤스 보스턴 라거를 둘러싼 이야기에서도 찾아볼 수 있다. 코크는 브레인스토밍을 통해 맥주 제조법을 생각해내지 않았지만, 맥주 시장에 대한 폭넓은 연구와 지식은 집안 대대로 내려온 맥주 제조법을 적절히 평가하는, 그리고 그것을 시장에 내놓는 방법을 이해하는 밑거름이 되었다. 코크의 사고 과정은 대체로 소여의 8단계를 따랐다. 그는 양조업을 가업으로 삼은 집안에서 태어났고, 덕분에 문제를 해결할 통찰과 관련 지식을 확보할 수 있었다. 동네 술집에서 이뤄진 낯선 손님과의 운명적 만남 이후 떠오른 수입 맥주와의 경쟁이라는 아이디어는 숙성을 거친 뒤 도달한 통찰이었다. 아이디어를 최종적인 제품으로 바꾸기 위해서 코크는 아이디어를 평가하고 검증을 통해, 궁극적으로는 제품 출시를 통해 그것을 구체화해야 했다. 만일 브레인스토밍을 실시했다면 아마 그는 새뮤얼 애덤스 보스턴 라거라는 제품과 고급 수입 맥주와의 경쟁이라는 전략을 떠올리지 못했을 것이다. 소여의 말을 들어보자.

"창조성에 관한 서적은 대체로 많은 아이디어를 떠올리는 방법을 거론한다. 그것은 너무 앞서 나가는 태도다. 나머지 모든 일을 제대로 하면 아이디어는 자연스레 따라온다. 그러나 나머지 일을 제대로 하지 않은 채 아이디어를 떠올리려고 애쓰는 태도는 마치 씨앗을 뿌리지 않은 채 곡식이 자라기를 바라는 경우와 같다."

특유의 가족사, 시장에 관한 지식, 다양한 출처로부터 아이디어를 기꺼이 모색한 태도 등은 그가 새뮤얼 애덤스 보스턴 라거라는 미래의 씨앗을 뿌릴 수 있는 비옥한 토양이 되었다.

짐 코크와 새뮤얼 애덤스 보스턴 라거의 이야기와 비슷한 사례도 있다. 세계에서 가장 창조적인 회사로 꼽히는 몇몇 기업을 살펴보면 단순한 브레인스토밍에서 벗어나 참신하고 유용한 아이디어를 지속적으로 도출하기 위한 대규모 과정을 개발한 점을 확인할 수 있다. 그 회사들은 브레인스토밍에만 의존하지 않는다. 대신에 소여가 제시한 8단계 같은 일련의 연습과 훈련을 활용함으로써 멋진 아이디어를 잇달아 선보이고 있다. 그중에서도 특히 멋진 아이디어의 산실로 각광받는 디자인회사 아이데오IDEO의 사례를 살펴보도록 하자.

팔로알토에 위치한 아이데오의 본사 사무실을 걷다 보면 그곳이 정말 경제 잡지 《포천》 선정 500대 기업을 상대하는 막강한 디자인 컨설팅 회사가 맞는지 의심스럽다. 창문과 칸막이로 구획된 굴지의 컨설팅 회사들과 달리 아이데오의 실내는 마구잡이로 꾸민 것처럼 보인다. 한 사무실에는 비행기 날개가 벽을 뚫고 나와 있다. 그런 혼란스런 업무환경을 감안할 때 과연 회사가 제대로 돌아가기나 할까 싶다. 그러나 아이데오는 아마 세계에서 가장 지속적으로 성공을 맛보는 디자인 회사 가운데 하나일 것이다. 아울러 그 빛나는 성공은 《포천》 선정 500대 기업과 여러 신생 기업을 망라한 수많은 회사들이 더 창조적인 회사로 거듭나기 위해 아이데오의 문을 두드리는 이유기도 하다. 창업한 지 불과 20여 년 만에 아이데오는 50개 넘는 업종의 약 1천 개의 고객사를 위해 의료기기에서 치약 짜개에 이르는, 무려 4천 개 이상의 제품을 디자인했다. 아이데오는 국제 디자인 우수상을 가장 많이 받은 기업이기도 하다.[116] 경제 잡지 《패스트 컴퍼니》는 아이데오를 '세계에서 가장 유명한 디자인회사'로 부르는 동시에 세계에서 가장 혁신적인 25개 기업 중 하나로 꼽고 있다. 아이데오는 《포천》이 경영학 석사 학위를 취득한 사람들을 대상으로 선정한 가장 가고 싶은 직장 순위에서 최상위권에 올라 있다. 이것은 불과 20여 년 전에 어느 양장점 위층을 빌려 시작한 회사가 달성한 위상이라고는 정말 믿기 힘든 결과다.

아이데오의 성공 비결은 이른바 '디자인 사고'라는 공정이다.[117] 이 방법은 시장 파악, 관찰, 시각화, 평가 및 정교화, 실행 등의 다섯 가지 단계로 구성된다. 아이데오의 최고경영자 팀 브라운은 다음과 같이 말한다.

"디자인 사고는 인간의 욕구, 기술적 가능성, 사업적 성공의 필요조건 등을 통합하고자 디자이너의 도구 일습을 활용하는 혁신을 향한 인간중심적 접근법이다."[118]

원래 아이데오는 이 방법을 컴퓨터용 마우스, 개인 휴대용 정보 단말기PDA, 펌프형 치약 짜개 같은 유형의 제품을 디자인할 때 활용했다. 그러나 디자인 사고를 점점 자주 활용하면서 혁신적인 제품을 꾸준히 선보임에 따라 유형적 제품의 차원을 뛰어넘는 것도 디자인하기 시작했고, 심지어 미국 적십자를 위해 헌혈 경험의 재현 같은 사용자 경험 디자인 분야에도 뛰어들었다.[119]

아이데오의 디자이너들은 아이디어 도출 이전에 상당한 시간을 조사에 투입한다. 시장의 기존 제품을 조사한다. 고객사와 고객사의 소비자층을 연구한다. 현재 사용되고 있는 기술과 기타 관련 기술을 파고든다. 심지어 나중에는 제약이 아닌 것으로 드러날지라도 일단 현재 인지하고 있는 제약의 목록도 작성한다.

초기 조사가 끝나도 아직 팀원들이 모두 한자리에 모여 아이디어를 내놓을 계제는 아니다. 대신에 팀원들은 현장으로 달려가 기존 제품이나 새로운 디자인의 시제품을 사용하는 사람들을 관찰한다. 그리고 해당 제품에 대해 소비자들이 좋아하는 점과 싫어하는 점뿐 아니라 쉽게 이해하는 점과 이해하지 못하는 점에 주목한다. 소비자들의 충족된 욕구와 그렇지 않은 욕구, 그리고 심지어 제품 자체가 새로운 욕구를 창출하는지의 여부도 조사한다. 심지어 아이데오는 소비자들이 특정 제품과 어떻게 상호작용하는지를 연구하기 위해 민족지학자들을 채용하기도 한다.

시장조사와 민족지학적 연구를 완수한 뒤에야 비로소 아이디어를 내놓을 차례다. 이때 아이데오는 주로 브레인스토밍을 활용한다. 아이데오의 부장 톰 켈리는 다음과 같이 쓰고 있다.

"브레인스토밍은 우리의 아이디어 엔진이다. 브레인스토밍은 디자인팀이 프로젝트 초기에 '자유로운' 아이디어를 내놓을 수 있는 기회, 혹은 나중에 생기는 난해한 문제를 풀 수 있는 기회다. 생산적인 디자인팀일수록 브레인스토밍을 더 정기적으로, 더 효과적으로 활용한다."[120]

아이데오 소속의 디자인팀은 나름의 브레인스토밍 방식을 고수한다. 그들은 단순히 회의실에 모여 아이디어를 쏟아 내지 않는다.[121] 대신에 모든 브레인스토밍 과정은 숙련된 진행자가 이끈다. 하지만 아이디어를 쏟아 낸 뒤에도 팀원들은 곧장 아이디어 평가에 나서지는 않는다. 대신에 시제품을 만든다. 시제품 제작은 팀원들이 진행하는 전체 과정의 또 다른 필수요소다. 팀원들은 시제품을 이용해 새로운 구상을 시각화하고 소비자들이 그것을 사용하는 방식을 상상해 본다. 시제품은 사진이나 그림보다 3차원 모형일 때 가장 효과가 크다. 소비자들은 사진이나 그림은 금방 무시해버리기 쉽지만, 3차원 모형은 실제로 사용해 볼 가능성이 있다. 따라서 팀원들의 입장에서 3차원 모형은 놀라운 통찰을 촉발할 수 있는 유용한 수단이다.

몇 개의 시제품을 만든 뒤 팀원들은 그것을 하나씩 평가한다. 그들은 다른 디자이너들, 고객사 관계자, 해당 분야의 전문가 등으로부터 피드백을 받는다. 피드백을 받으면서 시제품을 계속 수정하고 조합함으로써 점진적 개선을 모색한다. 켈리의 글을 읽어보자.

"시제품은 결국 원래의 모습을 잃게 되므로 우리는 처음 제작한 몇 개의 시제품에 너무 집착하지 않으려고 한다. 개선을 거치지 않을 만큼 훌륭한 아이디어는 없고, 늘 일련의 개선이 뒤따르기 마련이다."[122]

아이데오 소속 디자인팀은 소비자들이 제품과 상호작용함에 따라 장점과 단점을 더 깊이 이해할 수 있다고 생각한다. 그것은 더 나은 제품이 탄생하는 밑거름이 될 수 있다.

모든 과정이 완료되고 최종 제품이 결정되면 최종 디자인을 고객사에 보낸다. 하지만 시제품에서 최종 상품까지의 과정은 길다. 예를 들어 아이데오의 컴퓨터용 마우스 시제품은 원래 버터 접시의 뚜껑 안에 달린 고무공을 이용해 만들었다.[123] 그런 저급 물건을 고급 제품으로 탈바꿈시키기까지는 오랜 시간이 걸렸지만, 디자인의 필수요소를 희생하지 않은 채 기술적 도전과제를 해결할 수 있는 능력은 아마 아이데오가 세계 일류의 디자인 회사로 발돋움한 비결일 것이다.

아이데오가 활용하는 디자인 사고는 전혀 새롭거나 독창적인 방법이 아니다. 팀 켈리가 설명하는 과정은 소여의 8단계 과정이나 오스본의 3단계 과정과 흡사하다. 이들 세 가지 과정에서는 아이디어를 내놓기 전에 반드시 적절한 조사가 선행되어야 한다는 점이 공통적으로 강조된다. 그리고 아이디어는 많이 노출될수록 많은 변화와 개선을 거친다는 점도 강조된다. 또한 브레인스토밍과 아이디어 도출이 명확하고 필수적인 단계로 간주된다. 가장 중요한 사실은 아마 이들 세 가지 과정에서는 아이디어 도출이라는 단계가 최고의 아이디어가 최고로 인정받을 수 있도록 유도하는 더 폭넓은 틀 안에 배치된다는 점일 것이다. 아이데오의 디자인팀은 다른 회사의 디자인팀보다 브레인스토밍 능력이 더 뛰어날지 모르지만, 그들의 빛나는 창조성의 동력은 브레인스토밍이라는 기술이 아니다. 그들이 창조적인 제품을 꾸준히 생산할 수 있고 주목할 만한 사용자 경험을 디자인할 수 있는 비결은 전체적인 창조 과정에 대한 헌신적 자세다.

브레인스토밍 신화에 사로잡힌 사람들은 혁신의 비결을 그저 되도록 많은 아이디어를 내놓는 것으로 여기기 쉽다. 가장 많이 오용되기는 하지만, 브레인스토밍은 조직에서 가장 많이 활용되는 기법이다. 그러나 창조 과정은 단순한 아이디어 도출보다 훨씬 더 복잡하다. 창조 과정에서는 조사를 실시하고, 시제품을 만들고, 새로운 조합의 아이디어를 고안해야 한다. 가장 혁신적인 조직도 아이디어를 도출하고자 단 하나의 기법에만 의존하지 않는다. 키스 소여는 이렇게 주장한다.

"브레인스토밍은 아이디어 도출과 창조성이 조직 내부의 일상으로 자리 잡은 더 폭넓고 더 장기적인 조직 전략 안에 포함되어야 한다."

아이데오 같은 회사들이 멋진 아이디어를 잇달아 내놓는 과정에 기여하는 요소는 창조성과 혁신이 뿌리 내린, 이런 장기적 전략과 문화다.

08

결속력 신화

COHESIVE

꾸준한 창조성을 자랑하는 팀이라고 하면 흔히 개방적인 작업 공간, 느슨한 복장 규정, 당구대, 무료 식사, 그리고 미소를 짓고 즐거워하는 사람들 같은 요소들이 떠오를 것이다. 그들은 마치 당구를 치는 사람들처럼 즐거운 협업을 통해 새로운 것을 창조할 것 같다. 모든 팀원들은 늘 사이가 좋을 것 같다. 왠지 창조적인 사람들에게는 즐겁고 재미난 분위기가 중요할 듯하고 유쾌한 상호작용이 필수적일 것 같다. 이것이 바로 **결속력 신화**다.

결속력 신화는 대부분의 창조적 아이디어와 제품이 비판을 유보하고 합의를 중시하는 팀에서 비롯된다는 관념이다. 결속력 신화에 심취한 사람들은 협동심을 중시하고, 모든 팀원이 원만한 관계 속에서 작업하는 모습을 중시한다. 그러나 결속력에 대한 지나친 관심은 팀의 창조성을 저해할 수 있다. 그런 자세는 선택의 범위를 축소할 우려가 있고, 독특한 관점을 지닌 사람들이 팀원들의 눈 밖에 나지 않기 위해 자기검열을 선택하도록 유도할 위험이 있다. 결속력 신화는 여러 조직에 만연해 있지만, 창조적인 팀과 혁신적인 회사는 팀원들이나 직원들이 항상 원만하게 지내는 것에 초점을 맞추지는 않는다. 창조성이 뛰어난 팀의 겉모습은 우리의 짐작처럼 유쾌해 보일지 몰라도 내부적으로는 결속력의 반대 개념인 충돌을 통해 창조적 통찰을 이끌어낼 때가 있다.

예를 들어 픽사 애니메이션 스튜디오 본사 사옥은 마치 세상에서 가장 즐겁고 결속력 있는 장소처럼 보인다. 캘리포니아 주 에머리빌에 위치한 약 6만 5천 평방미터 넓이의 부지는 여러 개의 건축상을 받았고, 디자인의 아름다움과 명석함을 다룬 잡지와 책도 많다. 현관을 따라 들어가면 우선 중앙홀의 크기가 놀랍다. 축구장 크기의 중앙홀에는 유리창, 돌출 벽돌, 강철 들보 등이 뒤섞여 있다. 2층 높이인 중앙홀의 아치형 천장은 유리와 강철로 만들었고, 중앙홀의 탁 트인 공간에는 다리가 놓여 있고 2층 벽에는 연락 통로가 설치되어 있다. 중앙홀은 말 그대로 건물 전체의 중심부 역할을 한다. 그곳에는 우편함, 카페, 화장실, 그리고 심지어 600석 규모의 극장이 있다. 중앙홀 벽면에는 회의실이 줄지어 있고, 각 회의실에는 차고의 문 같은 개폐식 유리벽이 달려 있다. 그곳의 디자인과 구조를 고민한 사람이 스티브 잡스라는 점을 고려할 때 픽사 애니메이션 스튜디오 사옥의 아름다움은 그리 놀랍지 않다.

픽사는 영화 스튜디오가 아니라 컴퓨터 하드웨어 제작업체로 시작했다. 회사의 뿌리는 조지 루카스가 1980년대에 자신의 회사 루카스필름에 컴퓨터 부문을 새로 구축하면서 컴퓨터 애니메이션 제작팀을 채용한 시점으로 거슬러 올라간다. 루카스는 컴퓨터를 이용해 영화의 특수효과를 개선하거나 적어도 특수효과의 비용을 낮추는 데 관심이 있었다. 루카스는 아직 컴퓨터를 사용해 장편영화 전체를 만들 수 있다는 생각을 하지 못했지만, 그가 고용한 애니메이션 제작팀은 달랐다. 그 팀의 대표적 인물은 에드 캣멀, 앨비 레이 스미스, 존 래스터 삼인방이었고, 세 사람 모두 컴퓨터로 영화 전체를 제작하는 일에 관심이 있었다. 그들은 심지어 본인들의 실력을 입증하기 위해 단편영화 몇 편을 만들기도 했다.

그들은 장편영화를 만들고 싶어했지만, 루카스는 《스타트렉2: 칸의 역습》에 나오는 먼 행성에 관한 짧은 애니메이션 제작건만 맡겼다. 그 뒤 루카스는 이혼으로 막대한 금전적 대가를 치르면서 값비싼 컴퓨터 하드웨어에 투자하기를 꺼렸고, 결국 회사 내부의 컴퓨터 부문 전체를 스티브 잡스에게 500만 달러에 매각했다. 잡스는 캣멀, 스미스, 래스터 등이 계속 제작을 추진한 단편영화보다 픽사가 내놓을 수 있는 하드웨어를 판매하는 문제에 관심이 더 많았다. 하지만 잡스는 그들이 제작한 단편영화를 픽사의 핵심 인재들의 능력을 입증할 수 있는 기회로 인식했고, 그래서 계속 컴퓨터 부문에 투자했다. 결국 《틴 토이》(장난감을 부수는 아기를 피하려고 애쓰는 작은 금속 장난감을 묘사한 단편영화로 래스터가 감독을 맡았다)가 평단의 호평을 이끌어냈고 심지어 아카데미 단편 애니메이션 상을 받았다. 《틴 토이》의 성공으로 픽사는 월트 디즈니사와 접촉할 수 있었고, 훗날 월트 디즈니사는 픽사의 첫 번째 장편영화 《토이 스토리》를 배급했다.

《토이 스토리》의 획기적인 성공은 오늘날까지 이어진 초대형 장편영화 전성시대의 서막이었다. 스티브 잡스는 후속작 《토이 스토리2》로 벌어들인 돈으로 평소 꿈꾼 회사 사옥을 지었다. 잡스는 건축가 피

©Flickr : Pixar Animation Studios Atrium

픽사 애니메이션 스튜디오 잡스는 모든 직원들이 커다란 중심부로 향하도록 유도함으로써 대규모의 협업을 성사시킬 수 있는 공간을 원했다.

터 볼린(잡스를 도와 애플 스토어를 디자인한 인물이기도 하다)을 채용했고, 두 사람은 협업을 통해 유례를 찾아볼 수 없는 새로운 형태의 영화 스튜디오를 만들었다. 전통적으로 영화 스튜디오는 넓은 부지에 개별 용도의 건물이 군데군데 퍼져 있는 형태를 띠고 있었다. 반면, 잡스는 모든 직원들을 수용할 수 있는 단 하나의 건물을 원했다. 그는 직원들이 커다란 중심부로 향하도록 유도함으로써 대규모의 협업을 성사시킬 수 있는 디자인을 떠올렸다. 잡스는 픽사가 추구하는 탁월한 창조적 작업이 협업을 통해 촉발될 것이라 생각하고, 중심부에서의 우발적 만남이 협업으로 이어질 것으로 확신했다. 중앙홀은 그런 우발적 만남의 본산이 될 수 있도록 커다란 공간으로 설계되었다. 우편함, 화장실, 오락실, 회의실 등은 서로 다른 장소에 있는 사무실에서 근무하는 다양한 부서의 직원들이 우연히 만나 교류하고, 각자의 작업을 공유하고, 토론을 통해 배울 수 있도록 모두 한가운데에 배치되었다. 픽사 사옥은 우발적 만남이 협업과 품질 향상으로 이어질 것이라는 잡스의 지론을 토대로 설계되었다. 훗날 래스터는 잡스의 전기작가에게 다음과 같이 털어놨다.

"스티브의 예상은 처음부터 들어맞았다. 나는 몇 달 동안 보지 못했던 사람들과 우연히 마주치기 시작했다. 협업과 창조성을 그곳만큼 활발히 조장하는 건물을 본 적 없다."[124]

협업을 통한 픽사 직원들의 창조성은 그들이 제작한 영화에서만 찾아볼 수 있지는 않다. 그것은 그들이 픽사 사옥의 모든 부분을 새롭게 바꿔놓은 점에서도 확인할 수 있다. 픽사 사옥 부지 곳곳에는 픽사의 초기 단편영화 중 하나에 등장한 전등이자 픽사의 대표적인 캐릭터인 룩소 주니어의 거대한 모조품을 비롯해 픽사의 대형 애니메이션 캐릭터 조각상들이 서 있다. 각 사무실은 U자 모양으로 배열된 경우가 많다. 그런 사무실 가운데에는 거대한 중앙홀에서의 토론보다 소규모의 우발적 토론을 장려하기 위한 회의 공간이 마련되어 있다. 기존의 사무실과 전혀 다른 형태의 사무실도 있다. 그런 사무실들은 예를 들어 장난감집이나 오두막처럼 사무실 입주자들이 원하는 모양을 띠고 있다. 그중에서 가장 창조적인 사무실은 럭키 세븐 라운지일 것이다. 럭키 세븐 라운지는 어느 애니메이터의 사무실 책장 뒤편에 숨어 있는 무허가 술집을 가리키는 말이다. 그것은 사옥을 디자인할 때 잡스가 의도적으로 만든 공간이 아니라 앤드루 고든이라는 애니메이터가 자기 사무실 뒷벽에 달린 열과 환기 점검용 구멍을 우연히 발견한 뒤에 생겨난 것이다. 앤드루 고든과 그의 동료들은 그 자투리 공간을 무드 조명, 주류 판매대, 주문제작 냅킨 등으로 새롭게 꾸몄다.

탁상 축구나 탁구를 즐기는 직원들과 특이한 사무실 모양을 보면 픽사의 직원들이 서로 사이좋게 어울리고 영화나 은밀한 칵테일 라운지 같은 크고 작은 프로젝트를 함께 진행하는 것으로 알기 쉽다. 그렇다. 픽사의 부지에는 에너지가 흐르고 있다. 그 에너지는 지금은 스티브 잡스 빌딩으로 부르는 본관의 직원들의 잡담에서, 그리고 중앙홀 주변에서 감지된다. 픽사의 부지를 둘러본 사람이라면 창조적인 작업팀과 협업에 관한 교훈을 얻지 않을 수 없을 것이다. 픽사 직원들은 함께 일한다. 그들은 함께 즐거움을 나눈다. 부지 이곳저곳을 걷다 보면 직원들이 서로 다투는 모습을 상상하기 어렵다. 그러나 실상은 다르다. 픽사의 많은 애니메이터들에게 충돌과 논쟁은 매일 아침 겪는 일이다. 픽사는 세상에서 가장 행복한 직장일지 모르지만, 충돌과 논쟁이 벌어질 때는 결속력과 전혀 무관한 장소 같다.

픽사 소속의 애니메이터, 감독, 컴퓨터 공학자 등은 중앙홀 곁의 조그만 영사실에서 하루를 시작할 때가 많다. 영사실에서는 프로젝트팀이 어제의 작업을 검토하기 위해 이른바 '일일 품평회'라는 회의를 연다.[125] 영사실에 모인 사람들에게는 각 프레임의 모든 면을 비판하고 문제를 제기할 수 있는 재량권이 부여된다. 모든 면이 낱낱이 검토된다. 모든 세부사항이 철저한 비판을 받고 모두가 타인의 작업에 문제를 제기할 수 있다. 조명의 각도에서 특정 음향효과의 시점에 이르기까지 모든 점이 토론과 논쟁의 대상이 된다. 픽사 소속의 팀은 프레임 하나하나의 세부사항을 두고 격론을 벌인 뒤 개선 방법을 합의한다. 픽사의 영화 제작자들도 분기별 회의에 참석해 그간의 작업을 검토한다. 픽사의 사장 에드 캣멀은 다음과 같이 설명한다.

"그들은 '영화'를 다른 제작자들에게 보여준다. 참석자들은 영화를 살살이 살피면서 난도질한다."[126]

한 장면의 초당 프레임수가 24개임을 감안하면 그것은 만만찮은 작업이다. 그러나 각 프레임을 일일이 '난도질'하기가 힘들 수 있지만,

픽사의 팀은 그것이 고품질의 영화를 계속 만들 수 있는 능력의 필수요소임을 알고 있다. 각 프레임에 대해 더 많이 토론할수록 영화의 최종 품질은 향상된다.

픽사는 상호 간의 마찰을 매우 중시한다. 그런 자세는 팀을 구성하는 방식에도 깊이 뿌리박혀 있다. 《니모를 찾아서》의 흥행 이후 픽사의 경영진은 직원들이 기존의 창조 과정에 안주하지 않을까 우려했다. 경영진은 영화감독 브래드 버드를 영입했다. 픽사에 합류하기 전 버드는 워너 브라더스에서 《아이언 자이언트》를 만들었다. 《아이언 자이언트》는 평단으로부터 호평을 받았지만 흥행에서 실패했던 전통적인 형태의 애니메이션 영화다. 픽사의 임원진은 버드가 픽사에서 맡을 첫 번째 프로젝트가 기존의 영화와 다르기를 바랐다. 그들은 버드의 영입이 픽사에서 일정한 생산적 마찰을 촉발하기를 바랐다. 버드의 후일담을 들어보자.

"그래서 내가 '말썽꾼들이 필요하다'라고 말했다. 나는 욕구 불만인 예술가를 원한다. 아무도 관심 없는 일을 하는 예술가가 필요하다."[127]

버드는 대다수 관계자들이 예산과 기술적 제약 때문에 제작이 불가능하다고 여겼던 새로운 영화를 만들기 위해 일단의 불평분자들을 채용했다. 버드의 말썽꾼들은 제작 과정에서 상당한 마찰을 초래했지만, 그만한 가치가 있었다. 픽사의 애니메이션 영화 《인크레더블》은 흥행에 성공했고, 픽사의 트로피 진열장에 2개의 아카데미상을 추가했다. 버드의 말을 더 들어보자.

"우리는 말썽꾼들에게 그들의 지론을 입증할 기회를 줬고, 이곳에서의 작업 방식을 바꿔놓았다. 전작인 《니모를 찾아서》에 투입한 것보다 더 적은 1분당 자금으로 세트의 개수가 3배 많은 영화, 그리고 해내기 힘든 모든 요소를 갖춘 영화를 만들었다."

픽사나 여느 창조적인 팀의 결속력과 우호적 작업환경을 성공의 비결로 여기기는 쉽다. 그런 관점에서 볼 때 매일 난도질 회의를 열거나 불평분자를 채용하는 것은 창조 과정과는 상반되는 듯하고, 픽사 중앙홀의 개방적이고 느긋한 느낌과도 전혀 어울리지 않아 보일 법하다. 그러나 탁월한 창조성을 자랑하는 여러 팀들의 겉모습 바로 안에는 결속이 아니라 구조적 충돌에 기반한 창조 과정이 숨어 있다.

결속력 신화의 뿌리는 추적하기 어렵지만, 대다수 사람들은 브레인스토밍의 창시자인 알렉스 오스본을 결속력 신화를 대중화한 주역으로 거론한다. 7장에서 설명했듯이 오스본이 창시한 브레인스토밍은 우리가 경험하는 것보다 훨씬 더 엄격한 과정이다. 『응용 상상력』에서 오스본은 상상력 제고를 위한 브레인스토밍에서 준수해야 할 구체적인 규칙과 진행자가 명심해야 할 지침을 언급했다.[128] 그중에서 가장 중요한 규칙은 비판의 유보다. 오스본은 비판과 충돌이 창조성을 저해할 것으로 믿었다. 그는 팀원들이 멋진 아이디어를 많이 도출하도록 유도하기 위해서는 모두가 의식의 흐름 기법에 입각해 거리낌 없이 아이디어를 공유할 수 있어야 한다고 생각했다. 그가 보기에 아이디어를 마음 놓고 발표하지 못하면 전체적인 브레인스토밍 과정이 수포로 돌아갈 우려가 있었다.

물론 이전에도 창조적인 팀의 결속력을 추구하는 경향이 있기는 했지만, 그런 흐름이 본격화된 시점은 알렉스 오스본의 저서가 발표된 뒤부터였다. 창조성 이론가들은 관련 연구를 수행하고 조화와 결속의 역할을 뒷받침하는 모형을 구축함으로써 각자의 이론을 증명하려고 했다. 그들 중 일부 이론가들은 오스본의 비판 유보 개념과 비슷한 견해를 지지했다. 다른 이론가들은 창조적 아이디어가 인간의 두뇌 깊숙한 곳에서 고안된다고 봤고, 우리가 나이를 먹고 점점 '세상 물정에 익숙해짐에 따라' 한층 노련해진 사고 과정이 창조적 아이디어를 스스로 검열하면서 비판과 충돌에 직면할 경우 창조적 아이디어를 제거한다고 주장했다. 이 이론은 자기 검열에서 자유로운 아이들이 처음에는 창조성을 타고난 것처럼 보이지만, 점점 나이를 먹고 타인으로부터 자신의 행동을 평가받으면서 창조적 탐구에 대한 관심이 줄어드는 이유를 설명해주는 듯하다. 논리적으로 볼 때 만일 우리가 창조적 사고력을 되찾기를 바란다면 조화를 강조하고 판단을 보류하고 충돌을 억제하는 환경을 조성해야 한다. 그런 환경이 자기검열을 중지하고 유연한 창조 과정을 활용하는 데 도움이 된다고 본다면, 그렇다. 하지만 이 같은 이론을 반박하는 연구 결과가 점점 늘어나고 있다. 다시 말해 이견을 표명하고 그것을 토론함으로써 초래되는 충돌, 평가, 대립 등이 더 창조적인 결과로 이어질 수 있다는 것이다.

충돌이 창조성을 향상시킨다는 견해를 뒷받침하는 연구 중 가장 유명한 것은 캘리포니아 대학교 버클리 캠퍼스의 심리학 교수 챌런 네메트가 주도한 실험이다. 네메트의 연구팀은 창조적 아이디어를 도출하는 과정에서 충돌이 차지하는 역할을 파헤치고 싶었다.[129] 그들은 실험 참가자들을 3개의 각기 다른 조건(최소 지침, 브레인스토밍, 토론)에 따라 3개의 팀으로 나눴다. 3개의 팀에게는 모두 샌프란시스코의 베이 지역의 교통체증 현상을 줄이는 방법을 제시하라는 동일한 도전과제가 부여되었다. '최소 지침' 팀에게는 추가 지침을 주거나 되도록 많은 아이디어를 내놓으라는 말도 하지 않았다. '브레인스토밍' 팀에게는 전통적인 브레인스토밍 규칙(되도록 많은 아이디어를 내놓는다. 모든 아이디어에 대한 판단을 유보한다. 정제되지 않은 아이디어를 내놓는다. 서로의 아이디어를 새로운 디딤돌로 삼는다)을 적용했다. 그중에서 가장 중요한 규칙은 모든 판단을 유보하고 비판과 토론을 삼간다는 것이었다. '토론' 팀에게는 브레인스토밍 팀에게 적용한 것과 비슷한 규칙을 적용했지만, 한 가지 중요한 차이가 있었다. 토론 팀은 판단을 유보하는 대신 서로의 아이디어를 비판하고 토론해야 했다.

실험 결과가 나왔고, 팀별 순위가 결정되었다. 브레인스토밍 팀은 최소 지침 팀보다 더 많은 아이디어를 내놓았지만, 가장 많은 아이디어를 도출한 것은 토론 팀이었다. 토론 팀이 내놓은 아이디어 개수는 나머지 두 팀보다 평균 25퍼센트 많았다. 또한 실험이 끝나고 팀이 해체된 뒤에도 토론이 아이디어 도출에 미치는 영향은 남아 있었다. 실험 참가자들과의 추후 면담에서 연구자들은 교통체증 문제를 해결하기 위한 방안이 더 있는지 물었다. 최소 지침 팀과 브레인스토밍 팀에 속했던 실험 참가자들은 1인당 평균 한두 개의 방안이 더 떠오른다고 대답했지만, 토론 팀 참가자들은 1인당 평균 7개의 추가 방안을 갖고 있었다.

연구 팀은 실험 결과가 우연이거나 심지어 명백한 미국적 현상일지 모른다고 생각했다. 그 가능성을 배제하기 위해 그들은 프랑스의 파리에서 똑같은 실험을 실시했다(다만 실험 참가자들에게는 샌프란시스코가 아닌 파리의 교통체증 문제의 해결 방안을 내놓으라는 과제가 부여되었다). 하지만 실험 결과는 그대로였다. 충돌을 활용한 팀이 결속을 중시한 팀보다 더 많은 아이디어를 내놓았다. 네메트는 실험 결과를 정리하는 대목에서 토론을 억제하라는 전통적인 지혜에 반기를 든다.

"우리의 실험 결과에 의하면, 이 조건은 나머지 모든 조건에 비해 아이디어를 저해하지 않고 오히려 아이디어를 자극한다."[130]

충돌과 비판은 단지 아이디어 도출에만 유용하지는 않다. 충돌과 비판은 아이디어를 정교하게 다듬는 데, 그리고 여러 아이디어를 조합해 새로운 아이디어에 도달하는 데도 유용하게 쓰일 수 있다. 1981년에 미네소타 대학교의 심리학 교수 낸시 로리와 데이비드 존슨이 수행한 연구에서 연구진은 초등학교 5학년과 6학년 학생들을 여러 개의 팀으로 나눈 뒤 공동 보고서 작성 과제를 내줬다.[131] 연구진은 전체의 절반에 해당하는 팀에게는 보고서를 작성하는 과정에서 합의가 필요할 때 충돌을 피하고 타협하라고 말했다. 그리고 나머지 절반에 해당하는 팀에게는 서로의 아이디어에 귀 기울이되 필요한 경우 비판하라고 말했다. 결과적으로 후자의 팀들이 작성한 보고서가 조사의 충실도와 논리적 표현의 측면에서 더 뛰어났고, 여러 개의 아이디어를 서로 조합해 더 확실하고 포괄적인 최종 결과를 내놓았다. 이렇듯 어린이들도 여러명이 함께 작업할 때 건설적 충돌을 활용하는 방법과 그것을 통해 더 나은 최종 결과에 도달하는 방법을 배울 수 있다.

제너럴 모터스의 회장 겸 최고경영자 알프레드 슬론도 더 나은 최종 결과를 도출할 수 있는 토론의 위력을 발견한 인물이다. 어느 중요한 회의에서 그는 다음과 같은 질문을 불쑥 던졌다.

"여러분, 이 결정에 모두 완전히 동의한다고 여겨도 되겠습니까?"[132]

그러자 회의 참석자들이 고개를 끄덕였다. 그가 말을 이었다.

"그렇다면 이 문제에 관한 추가 논의는 다음 회의로 미루겠습니다. 이견을 생각해내고 이 결정의 정체를 어느 정도 이해하기 위한 시간을 주는 뜻에서 말입니다."

슬론은 자신이 이견을 허용하거나 장려하지 않으면 회의 참석자들이 창조적 해법을 내놓을 가망이 없다는 점을 알고 있었다.

슬론의 행동 이면의 논리적 근거는 아직 무르익지 않은 아이디어의 가치를 검증하고 강화하려면 비판과 건설적 충돌이 필수적이라는 점을 보여주는 경험적 연구에 의해 뒷받침된다. 스탠퍼드 대학교의 경영학 교수 로버트 서튼은 다음과 같이 설명한다.

"지속적인 논쟁은 되도록 많은 아이디어를 생각해내고 검증하는 경쟁이 벌어진다는, 그리고 지식과 관점은 무척 다양하다는 의미일 수 있다."[133]

충돌은 다양한 견해를 고려한다는, 그리고 아이디어를 둘러싼 경쟁이 아직 진행 중이라는 점을 가리키는 지표다. 경쟁을 거치면서 아이디어는 추가 조사, 장기적 고려, 다른 아이디어와의 조합 등을 통해 점점 내실을 다진다. 반면, 집단의 모든 구성원이 항상 동의만 한다는 것은 그들이 아주 많은 아이디어를 갖고 있지 않다는, 혹은 그들이 우수한 제안보다 동의를 더 중시한다는 의미일 수 있다. 팀원들이 늘 수긍만 하면 아이디어를 깊이 있고 폭넓게 다루지 못한다. 그러므로 결속력이 지나친 팀은 좀처럼 창조적인 결과물을 내놓지 못하지만, 토론을 거쳐 아이디어의 개선을 꾀하는 팀은 혁신적인 아이디어를 도출할 가능성이 훨씬 더 높다.

그러나 충돌 자체가 목적인 충돌은 곤란하다. 충돌은 적절한 충돌이어야 하고, 서로 다툴 만한 가치가 있는 목적을 위한 충돌이어야 한다. 충돌에는 두 가지 유형이 있다. 하나는 '대인적', 혹은 '감정적' 충돌이고, 다른 하나는 '업무적', 혹은 '이지적' 충돌이다.

대인적 충돌은 아이디어에 관한 객관적 사실이 아니라 개인적 이유, 권력욕, 그리고 심지어 서로에 대한 단순한 반감 때문에 부딪치는 경우다. 대인적 충돌은 아이디어의 발전을 꾀하지 못하고, 개인과 팀에게 부정적인 영향을 미칠 수 있다. 반면 업무적 충돌은 아이디어를 둘러싼 객관적 사실에 국한되기 때문에 훨씬 생산적이다.

업무적 충돌은 아이디어의 가치를 기준으로 삼아 최선의 아이디어를 선택하려는 다툼이다. 이때 감정은 절제된다. 왜냐면 충돌의 목적은 단순한 승리나 패배가 아니라 더 나은 최종 결과를 도출하는 것이기 때문이다. 그러나 토론에서는 업무적 충돌만 벌어지지 않는다. 서로 토론을 벌이다 보면 개인적 성격을 띠게 될 때가 많다. 일단 충돌은 바람직한 요소다. 그러나 바람직한 충돌만 하기는 어렵다. 하지만 그 미세한 선을 지킬 수 있어야 모든 구성원으로부터 혁신적인 통찰을 이끌어낼 수 있다.

클라우드 기반의 소프트웨어회사 에버노트는 바로 이런 업무중심적 충돌 덕분에 탄생했다. 에버노트는 2008년에 출시된 온라인 메모용 프로그램이기도 하다. 현재 캘리포니아 주 레드우드시티에 소재한 이 회사의 사옥은 웃음으로 가득하지만, 출발은 그렇지 못했다. 최고경영자 필 리빈이 보기에 에버노트는 충돌의 산물이다. 에버노트의 출발점은 정보를 저장하고 검색할 수 있는 방법(이른바 메모리 '확장')을 개발하고자 했던 두 개의 서로 다른 회사였다. 당시 필 리빈은 리본이라는 회사를 세워 그런 방법을 연구하고 있었지만, 얼마 지나지 않아 대부분 러시아 프로그래머들로 구성된 팀이 에버노트라는 프로젝트를 진행 중이라는 소식을 들었다.[134] 러시아 프로그래머들은 이미 리빈이 구상한 방법을 상당히 진척시켜 놓은 상태였다. 리빈은 합병을 제의했다. 서로 싸우는 대신 두 회사는 힘을 합쳤고, 한울타리 안에서 충돌하기 시작했다. 리빈의 회고담을 들어보자.

"에버노트는 이처럼 특이한 방식으로 탄생했다. 두 신생 업체는 비슷한 미래상을 갖고 있었지만, 성격과 배경이 달랐다. 합병 직후부터 우리의 아이디어는 서로 충돌했지만, 그것이 아이디어의 내실을 다진 원동력이었다. 최선의 아이디어만이 살아남는다."[135]

그들은 충돌을 하되 충돌이 간편하게 메모를 저장하고 전화기, 태블릿, 컴퓨터 같은 다양한 플랫폼으로 검색할 수 있는 제품을 만든다는 회사 전체의 사명에 기여할 수 있도록 했다. 그리고 지금까지도 에버노트 내부의 충돌은 개인적인 이익이 아닌 회사 전체의 사명을 위한 것인 경우가 대부분이다.

1970년대에 개인용 컴퓨터를 최초로 출시한 제록스의 팔로알토 연구소에서는 정기적으로 토론회가 열렸다.[136] 그것은 직원들에게 개인적 자아가 아닌 아이디어를 둘러싼 충돌의 방법을 가르치기 위한 공식 토론회였다. 팔로알토 연구소에서 매주 열린 토론회의 명칭은 '딜러Dealer'였고, 그것은 당시의 베스트셀러인 『딜러를 이겨라Beat the Dealer』에서 본뜬 이름이었다. 회의 전에는 언제나 한 사람을 연사로 뽑았고, 연사를 딜러로 불렀다. 연사는 아이디어를 발표한 뒤 다른 엔지니어들과 과학자들을 상대로 아이디어의 타당성을 변호해야 했다. 딜러 회의는 개발 중인 제품의 품질 향상에 도움이 되었고, 때로는 전혀 새로운 아이디어를 낳기도 했다. 딜러 회의의 진행자들은 아이디어의 가치에 대한 지적인 비판만 관심과 고려의 대상이 될 수 있도록 세심하게 신경 썼다. 객석에 앉은 사람들이나 연단에 선 사람들은 동료들을 개인적으로 비판하거나 동료들의 성품이나 인간적 요소를 건드리지 말아야 했다. 팔로알토 연구소의 관리자 출신인 밥 테일러는 딜러 회의에 관해 이렇게 말했다.

"누군가 다른 사람들의 주장 대신에 인격적 요소를 건드리면 회의의 효과가 없었다."[137]

그런 토론을 통해 테일러는 직원들에게 1번Class I 이견과 2번Class 2 이견의 차이를 가르쳤다.[138] 1번 이견은 양쪽 모두가 상대방의 진정한 입장을 이해하지 못하는 경우고, 2번 이견은 양쪽 모두가 서로의 입장을 명확히 알고 있는 경우였다. 그는 직원들에게 항상 1번 이견을 피하도록 요청했고, 아이디어의 품질을 높일 확률이 높은 2번 이견은 장려했다. 테일러의 모형은 토론에서 개인적 마찰을 배제하고 충돌을 더 유리한 공감대를 발견하는 수단으로 이용하는 것이었다.

픽사 소속의 팀들은 매일 진행하는 회의가 지적 충돌의 장이 되고 개인적 언쟁을 피할 수 있도록 고안한 일명 '첨가 작업'을 활용한다.[139] 아이디어나 프레임에 대한 비판에는 항상 개선 방안이 담겨 있어야 한다. 애니메이터들과 연출가들로 구성된 팀이 아침에 모여 몇 개의 장면을 검토하는 상황을 가정해 보자. 장면 속의 어느 캐릭터가 다른 캐릭터에게 미소를 짓고 있다.

예를 들어 애니메이터 한 사람이 거짓 미소처럼 보인다거나 혹은 미소는 짓지만 행복한 표정이 아니라고 말하면서 캐릭터의 미소 모양을 문제 삼을 때 그는 캐릭터의 표정을 더 실감나게 바꾸는 방안도 제시해야 한다. 비판을 하나씩 첨가하는 애니메이터들과 연출가들은 서로 다른 화법을 구사한다. 어떤 사람들은 곧장 구체적인 제안을 내놓고, 다른 사람들은 예를 들어 "그런데 미소를 지을 때 눈썹이 구부러지면 어떨까?"라는 식으로 문장 앞에 '그런데'를 붙일 수도 있다. 그러나 구사하는 화법과 무관하게 첨가 작업의 결과는 항상 같다. 즉 비판을 받는 애니메이터는 동료들의 첨가 작업 덕분에 새로운 방향이나 무기를 확보할 수 있다. 동료들에 의한 첨가 작업의 수신자 입장인 애니메이터들과 연출가들이 반드시 피드백을 수용할 필요는 없지만, 첨가 작업은 피드백을 받아들일 가능성을 높이는 방향으로 진행된다. 네메트가 실험에서 상호 간의 비판을 허용한 팀이 서로에게 문제를 제기하고 더 많은 아이디어를 도출했듯이, 픽사의 팀원들도 영화의 잠재적 문제를 제기하고 비판을 곁들이면서 작품의 질적 향상을 도모하기 위한 아이디어 도출 과정을 밟는다.

회의실을 떠난 뒤 애니메이터들은 첨가 작업에서 얻은 아이디어를 실행에 옮길 수 있고, 혹은 네메트의 추후 면담에서 알 수 있듯이, 회의를 끝내고 돌아온 뒤에도 추가적으로 아이디어가 떠오를 수 있다. 또한 첨가 작업은 영사실에 긍정적인 분위기를 조성하고, 해당 프레임을 제작한 애니메이터 대신 그 프레임에 초점을 맞추는 역할도 한다.

첨가 작업이 없으면 일일 품평회는 무척 부정적인 분위기로 흐르거나 감정만 소진하는 시간으로 전락할 수 있다. 2000년부터 픽사에 재직 중인 애니메이터 빅터 나보네의 말을 들어보자.

"우리는 항상 자신의 아이디어를 건설적인 방식으로 제시하고 싶고 다른 애니메이터의 느낌을 존중하고자 한다."[140]

애니메이션은 원래 1초도 안 되는 장면을 만들기 위해 며칠을 소비하는 노동집약적 공정이다. 이튿날 아침에 신랄한 비판을 받고 나서 다시 컴퓨터 앞에 앉아 수정 작업에 임해야 하는 것은 전혀 달갑지 않은 일이다. 에드 캣멀은 다음과 같이 설명한다.

"그런 힘이 작동하는 것이 중요하다……. 모두가 서로를 돕고 있다는, 그리고 감독이 그런 도움을 바란다는 느낌이 필요하다."[141]

첨가 작업이 동반되면 회의실에는 긍정적인 분위기가 감돌고, 비판과 더 새롭거나 나은 아이디어 사이의 직접적인 관계가 조성된다. 하지만 첨가 작업이 모든 긴장을 해소하지는 못한다. 자신의 작업 결과가 철저하게 분석을 당하고 비판을 받는 모습을 지켜보기란 견디기 힘든 일이다. 그러나 분석과 비판이 이를테면 영화제 수상이라는 최종 목표의 일환으로 자리 잡으면 견디기가 조금은 수월해진다. 픽사의 일일 품평회는 싸움 같아 보이지만, 창조적인 팀이 고품질의 작품을 지속적으로 만들어내는 건전하고 바람직한 싸움 같다.

픽사나 에버노트 같은 기업에 소속된 팀의 성과물을 통해 그곳에서 이뤄지는 창조 과정에 관해 추측을 하기는 쉽다. 결속력 신화는 픽사 직원들처럼 창조적인 인재가 되거나 에버노트처럼 혁신적인 제품을 만들기 위해서는 늘 즐겁고 신 나는 분위기의 팀을 결성해야 한다고 속삭인다. 물론 픽사와 에버노트 두 회사의 사람들은 각자의 업무와 팀에 만족하겠지만, 창조 과정의 원동력은 결속력이 아니라 충돌이라는 점도 잘 알고 있을 것이다. 팀의 결속력을 다지는 측면에 너무 집중하면 아이디어를 변호해야 하는 과정에서 비롯되는 창조적 추진력을 포기하는 결과를 초래한다. 또한 비판을 통해 아이디어의 내실을 다질 수 있는 능력도 상실하게 된다. 적절히 부딪치는 요령과 창조적 잠재력을 향상시키기 위해 충돌하는 요령을 배우면 우리가 속한 팀과 조직은 멋진 아이디어를 지속적으로 도출할 가능성이 높아질 것이다.

제약 신화
CONSTRAINTS

창조 과정이라고 하면 흔히들 특이하고 자유분방한 아이디어 도출을 떠올린다. 가장 창조적인 조직에서는 직원들이 무제한적인 자원을 갖고 원하는 미래를 마음껏 꾸려갈 것이다. 창조성이 꽃피기 위해서는 완전한 자유가 필요할 것 같다. 우리가 이렇게 추측하는 것은 **제약 신화**에 빠져 있기 때문이다.

제약 신화란 제약이 창조적 잠재력을 가로막는다는 믿음이다. 실제로 많은 예술가들이 이 신화를 믿는다. 그들은 원하는 대로 쓸 수 있는 시간과 자원이 있다면 자신의 작품이 걸작으로 인정받을 것이라고 생각한다. 우리는 네모 안을 충분히 탐색하지 않은 채 '네모 밖에서 생각하기'의 필요성을 제기하기도 한다. 제약 신화는 창조적 도전과제나 복잡한 문제로 끙끙대고 있는 사람들이 비빌 언덕으로 작용한다. 그런 난감한 상황에 빠진 사람들이 다음과 같이 말하는 것도 제약 신화에 빠져 있기 때문으로 볼 수 있다.

"우리 잘못이 아냐. 자원이 부족하기 때문이야."

이런 말은 창조적 탐구 과정에서 벗어나고 싶은 사람들이 기대는 목발, 즉 핑계일 때가 많다. 하지만 이 목발은 튼튼하지 않다. 제약이 창조성을 저해한다는 관념은 근거가 없다. 오히려 반대 증거가 많다. 여러 혁신적인 팀들의 사례에 의하면 창조성은 제약을 먹고 자란다.

가장 생산적이고 창조적인 사람들은 텅 빈 서판書板이 얼마나 갑갑한지 잘 알고 있다. 모든 창조자들에게는 일정한 제약이 필요하다. 모든 예술가들에게는 일정한 구조가 필요하다. 창조성이 가장 돋보이는 몇몇 시 작품은 일본의 하이쿠나 영국의 14행시 같은 고정적인 형식을 띠고 있다. 고정적인 형식은 시인들이 시를 짓는 틀이다. 고정적인 형식에 의해 설정된 필요조건 때문에 창작 과정이 더 힘겨워지지만, 그런 고통은 시인이 창조적 잠재력을 최대한 발휘하도록 이끄는 동력의 역할을 한다. 미국의 세계적인 경영 컨설턴트 매슈 메이는 조각을 예로 들어 설명한다.

"미켈란젤로의 다비드 상이 단단하고 만만찮은 재료인 대리석을 힘겹게 조각하지 않고 그저 점토를 빚어 만든 작품이라면 아마 걸작으로 평가받지 못했을 것이다."[142]

미켈란젤로가 제약이 따르는 재료인 대리석을 사용한 점이 바로 몇 세기가 지난 지금까지 수많은 사람들의 눈길을 끄는 비결 중 하나다. 분야에 상관없이 제약은 창조적 탐구의 양상을 결정한다. 아이디어는 주어진 제약 안에서 그것을 쉽게 응용할 수 있을 때 쓸모를 갖는다. 제약은 문제를 이해하고 진정으로 혁신적인 해법을 떠올릴 때 활용하는 구조다. 어느 인도주의 활동가와 일단의 대학생들이 독특한 형태의 땅콩 껍질 제거기를 개발할 때 바로 제약이라는 구조가 필요했다.

2001년, 아프리카의 말리에서 지인과 함께 인도주의 활동을 펼치고 있던 자크 브랜디스는 현지의 땅콩이 껍질을 벗기기가 어렵다는 사실을 알았다. 당시 브랜디스는 정수 시설을 만들고 있었고, 많은 원주민 여성들이 손으로 땅콩 껍질을 까는 모습을 지켜봤다.[143] 그가 활동하던 지역에는 땅콩이 많이 났고, 그가 돕고 있던 농민들에게 소중한 식량이자 수입원이었다. 그러나 손으로 땅콩 껍질을 벗기는 것은 매우 힘든 일이고, 시간도 오래 걸린다. 게다가 껍질의 파편이 튀면서 손가락이 베이는 경우도 많았고, 반복적인 작업 때문에 어릴 때부터 관절염에 걸리는 확률도 높았다. 땅콩 껍질 까는 일이 얼마나 힘든지, 그리고 말리의 여성들이 얼마나 큰 희생을 치르는지를 생생히 확인한 브랜디스는 자신이 돕고 있는 마을의 어느 원주민 여성에게 약속을 하나 했다. 미국으로 가서 땅콩 껍질 제거기를 구해오겠다고 약속한 것이다. 하지만 막상 미국에 도착해보니 문제가 생겼다. 마땅한 제품이 없었다. 소형 땅콩 껍질 제거기가 필요했지만, 대규모 농장에서 쓰는 대형 제품밖에 없었다. 선진국에는 소형 제품을 위한 시장이 존재하지 않았고, 개발도상국은 대형 제품을 사용할 여유가 없었다.

소형 제품을 구하지 못하자 직접 만들기로 했다. 하지만 비용이라는 심각한 난관을 만났다. 말리의 가난한 농민들이 선뜻 구입할 수 없는 가격의 땅콩 껍질 제거기를 만들어본들 소용없었다. 그는 땅콩 전문가들과 엔지니어들을 수소문했고, 다행히 불가리아제 소형 땅콩 껍질 제거기가 있다는 사실을 알았다. 그런데 값비싼 부품은 없애고 핵심적인 기능만 남기기 위해 디자인을 수정해야 했다. 이후 몇 차례의 수정을 거친 뒤 말리 말리언 피넛 셸러가 탄생했다. 지금은 유니버설 넛 셸러로 부르는 그 제거기는 비교적 단순하지만, 개발도상국 농민들에게 미치는 잠재적 영향은 크다. 유니버설 넛 셸러 덕분에 농민들이 땅콩 껍질을 벗기는 속도가 크게 향상되었고, 손에 상처를 입지 않고 작업을 할 수 있게 되었다. 또한 브랜디스가 내놓은 독특한 디자인은 제거기의 제작비용도 크게 낮췄다. 유니버설 넛 셸러는 흔히 구할 수 있거나 쉽게 수입할 수 있는 재료로 만들기 때문에 제작비용이 50달러 미만이다. 이미 17개 나라에서 쓰이고 있는 유니버설 넛 셸러는 현지인의 소득 증대와 생활수준 향상에 한몫하고 있다.

그러나 유니버설 넛 셸러에도 한 가지 문제가 있다. 유니버설 넛 셸러는 일단 완성된 뒤에는 튼튼하고 효율적인 장치로 평가할 수 있지만, 만드는 과정은 그리 효율적이지 못하다. 이 장치의 핵심부는 유리 섬유 주형에 부어 딱딱하게 만드는 응고재로 제작한다. 대부분의 나라에서는 이 장치를 제작하는 데 필요한 여러 가지 재료를 구하기가 어렵지 않지만, 개발도상국에서는 유리 섬유 주형을 제작하기 어렵다. 그래서 주로 미국에서 수입해서 쓴다. 따라서 제거기 제작에 걸리는 시간이 늘어날 뿐 아니라 비용도 증가한다. 이 문제의 해결에는 로니 그래프먼의 활약이 필요했다.

그래프먼은 훔볼트 주립 대학교의 공학 교수이자 브랜디스와 함께 땅콩 껍질 제거기를 비롯한 몇 가지 프로젝트를 추진해온 인물이다. 그래프먼은 특히 플라스틱 쓰레기가 생태계를 오염시키는 문제로 심각한 서인도제도의 섬나라 아이티에 관심이 많았다. 아이티 곳곳의 쓰레기 매립지와 해변에는 비닐 쓰레기 봉지가 산더미처럼 쌓여 있다.[144] 그래프먼은 학생들에게 플라스틱 쓰레기로 땅콩 껍질 제거기 제작용 유리 섬유 주형의 대용물을 만드는 과제를 내줬다. 몇 주 동안 열심히 노력 했지만, 결국 학생들은 백기를 들고 말았다. 그래프먼을 찾아온 학생들 은 도저히 불가능한 일이라고 말했다. 플라스틱을 녹여 주형을 만들 수 는 있지만, 그렇게 하면 유해 가스가 배출될 우려가 있었다. 그것은 심 각한 제약이었다. 유해 가스를 배출하지 않는 범위의 온도에서 플라스 틱을 녹이거나 성형하는 방법을 개발해야 했지만 쉬운 일이 아니었다. 그러나 그래프먼은 백기를 들기에는 이르다고 생각했다. 그는 언제나 해법은 존재한다며 제자들을 격려했다.

바로 이튿날 학생들은 적정 온도에서의 해법을 찾아냈다. 쓰레기 봉 지를 녹여 주형을 만드는 방법 대신 쓰레기 봉지를 얇은 고리 모양으로 자른 뒤 서로 엮어 플라스틱 섬유를 만드는 방법을 알아낸 것이다. 그 플라스틱 섬유는 다리미로 가열해 적당한 모양으로 성형할 수 있었다. 쓰레기 봉지를 완전히 녹이지는 않기 때문에 유해 가스도 배출되지 않 았다. 그래프먼의 제자들은 유해 가스 문제를 해결했을 뿐 아니라 흔히 구할 수 있는 재료를 사용함으로써 브랜디스의 땅콩 껍질 제거기의 제 작비용을 낮추는 방법도 발견했다. 아이티 사람들은 이제 매립지와 해 변에 쌓인 플라스틱 쓰레기를 줄이는 동시에 섬에서 구할 수 있는 재료 를 이용해 땅콩 껍질 제거기를 만들 수 있게 되었다.

브랜디스가 고안한 원래의 디자인과 그래프먼의 제자들이 내놓은 개 선안은 창조적이고 의욕적인 사람들이 달성할 수 있는 성과의 생생한 사례들이다. 뿐만 아니라 이 두 가지 사례는 많은 이들이 창조성의 심 각한 장애요인으로 거론하는 제약을 발판으로 작업한 몇몇 사람들의 성공담이기도 하다. 브랜디스와 그래프먼의 제자들은 어쩌면 제약 앞에서 백기를 들 수도 있었다. 그러나 제약은 오히려 창의성을 강화시킬 때가 많다. 실제로 제약은 브랜디스와 그래프먼의 제자들이 더 뛰어난 최종 결과를 만들어내는 데 보탬이 되었다. 그래프먼은 플라스틱 쓰레기로 땅콩 껍질 제거기의 주형을 제작하도록 주문함으로써 결과적으로 제자들이 대안을 고민할 수밖에 없는 제약을 조성했고, 제자들은 해법을 찾기 위해 더 창조적인 자세를 취해야 했다. 혁신은 '네모 밖에서 생각하기'를 통해 일어나지도, 장애물이 전혀 없는 공간에서 일어나지도 않는다. 오히려 혁신은 사람들이 네모 안에서 일할 때, 가끔은 네모 전체를 다시 생각하고 만들 때 일어난다.

제약 신화는 쉽게 믿고 쉽게 받아들일 수 있는 신화다. 우리가 내재적 동기부여와 그것이 창조성에 미치는 영향에 알고 있는 바를 고려할 때 제약 신화는 심지어 합리적인 주장으로 보이기도 한다. 가망이 없어 보이는 프로젝트에 오랫동안 매달리기를 좋아할 사람은 없다. 하지만 다양한 분야의 창조 과정에 관한 연구에 의하면 제약을 둘러싼 기존 관점의 정반대의 관점이 타당해 보인다. 테레사 에머빌의 지적을 들어보자.

"사람들은 빈 종이를 받으면 위축된다. 그러나 구불구불한 선이 그어진 종이를 받고 선을 더 정교하게 다듬는 과제가 부여되면 과제를 즐기면서 매우 흥미로운 결과물을 내놓는 경우가 많다."

실제로 에머빌은 오랜 연구를 통해 여러 차례 그런 위축 현상을 여러 번 지켜봤다.[145] 에머빌의 주장에 담긴 요지는 일부 제약은 창조 과정에 보탬이 되고 결과물의 품질을 높일 때가 많다는 것이다. 제약은 출발점을, 그리고 해결할 문제를 제공한다. 출발점과 문제는 둘 다 창조적 통찰을 도출하는 데 필수적인 요소다. 제약의 존재는 참신한 아이디어를 내놓는 능력을 향상시키거나 아이디어가 쓸모를 갖도록 유도할 때가 많다. 선뜻 받아들이기 어려운 진실이지만, 진정한 제약은 자원의 부족이 아니라 임기응변적 재능의 부족일지 모른다.

쓰레기 봉지로 만든 땅콩 껍질 제거기의 사례처럼 제약은 문제 해결에 필요한 자원일 수 있다. 심리학자 퍼트리샤 스토크스는 실제로 제약이 문제를 이해하고 해법을 평가할 수 있는 구조를 제공한다고 본다. 스토크스 본인도 상당히 창조적인 경로를 거쳐 심리학 교수가 되었다. 사회과학 분야의 학사 학위를 취득한 뒤 스토크스는 전공을 바꿔 미술대학인 프랫 인스티튜트에 입학했다. 프랫 인스티튜트를 졸업한 뒤 그녀는 대형 광고회사 J. 월터 톰슨에 입사했고, 에이본, 메이블린, 원더 브레드 같은 유명 브랜드의 홍보작업에 참여했다. 몇 년에 걸쳐 스토크스는 세계 곳곳을 여행했고 해외에 거주하기도 했다. 그녀는 평소 꿈꾼 성공한 창작자로서 살고 있었지만 내면에서 모종의 변화가 시작되었다.

"오랫동안 멋진 날들이 펼쳐졌다. 그러다가 끔찍한 일이 생겼다. 지겨워진 것이다."[146]

스토크스는 지겨움을 물리치고자 다시 학업을 선택했다. 그런데 미술을 더 공부하거나 기존의 회화 석사 학위 외에 경영학 석사 학위를 추가하는 대신 심리학을 선택했다. 이후 컬럼비아 대학교에서 박사 학위를 땄다. 그녀는 현재 컬럼비아 대학교의 바너드 칼리지에서 심리학을 가르치는 한편, 다양성 및 창조성 연구소도 운영하고 있다. 스토크스가 창조성에 관한 영향력 있는 연구자가 될 수 있었던 것은 바로 심리학계에 정착할 때까지 이어진 특이한 여정 때문이다. 현재 그녀는 자신이 몇 년 동안 창조적 전문직업인으로서 걸어온 길 이면의 심리를 연구하고 있다. 자신의 특이한 배경으로 인해 스토크스는 특히 그림이나 텔레비전 같은 매체적 제약이 창조 과정에 미치는 영향에 관심이 많다. 그녀는 여러 해 동안의 연구 끝에 제약이 창조력에 지대한 영향을 주고 그것이 매우 긍정적인 영향이라는 결론을 내렸다. 스토크스는 미술, 문학, 음악, 광고 등을 비롯한 여러 분야의 창조 과정을 연구했고, 창조적인 사람들은 일정한 제약 속에서 일하기 때문에 이미 확립된 규범에서 그리 벗어나지 않은 채 작업한다는 사실을 발견했다. 그들은 네모의 안이나 가장자리에서 작업하고, 네모 밖으로 좀처럼 나가지 않는다. 스토크스는 창조성에는 어느 정도의 제약이 필요하며, 제약의 존재 덕분에 예술이나 광고 분야의 가장 혁신적인 여러 작업이 탄생했다고 주장한다.[147]

스토크스의 주장에 의하면 우리 모두는 스스로 부과한 제약 안에서 생각한다. 그녀의 주장을 입증하는 차원에서 간단한 사고 실험을 하나 해보겠다. 1960년대의 영화에서 묘사된 미래를 떠올려보자. 영화에 등장하는 미래의 자동차는 하늘을 날아다니는 점만 빼면 당시의 자동차와 크게 다르지 않다. 미래의 텔레비전도 화면상의 사람들 옷차림이 이상한 점만 빼면 당시의 텔레비전과 비슷하다. 미래의 가정집도 반짝반짝 윤이 흐를 정도로 깨끗한 점을 제외하고는 당시의 가정집과 유사하다. 1960년대에 상상한 미래가 1960년대 당시의 모습을 더 화사하게 꾸민 것에 불과한 까닭은 무엇일까? 우리가 상상한 각자의 미래는 나중에 우리가 실제로 확인할 미래보다는 현재와 더 비슷할 것이다. 그것은 우리 모두가 스스로 부과한 관념을 갖고 있기 때문이다. 즉 우리는 미래란 현재로부터 더 세련되게 발전한 것이라는 관념을 갖고 있다.[148] 우리는 사실상 자신에게 선형적 사고를 강제한다. 그리고 파괴적인 혁신의 가능성을 고려하지 않는다. 우리가 상상하는 미래는 인간 인식에 자리 잡은 근본적인 경향의 한 가지 사례일 뿐이다. 우리는 경험이라는 편안한 제약 안에서 상상한다. 만일 마음껏 창조하고 문제를 해결할 재량권이 주어지면 우리는 대체로 자신이 알고 있는 것이나 과거에 효과를 본 것에 초점을 맞추기 마련이다. 설령 우리에게 무제한적 자원과 무한한 창조성이 있어도 결국 우리는 또 다른 제약을 부과하고 말 것이다. 제약은 우리 삶의 일부분이고, 우리를 자극하는 부분이기도 하다. 스토크스의 논지는 대다수 사람들이 어떤 식으로든 제약에 직면하기 때문에 제약을 전략적으로 활용하는 방법을 배우는 것이 전적으로 자유롭게 방황하는 것보다 더 창조적인 결과를 촉진한다는 점이다.[149]

하지만 모든 제약이 창조성에 동일한 영향을 미치지는 않는다. 사실 어떤 제약은 창조적 표현을 가로막는다. 예를 들어 네모가 너무 작으면 네모 안에서 이뤄지는 사고 작용을 통해 아주 많은 발전 가능성을 기대하기는 어려울 것이다. 그러나 창조적 돌파구를 뚫을 수 있는 제약도 있다. 스토크스의 연구에 의하면 창조성을 촉진하는 제약에는 영역 제약, 인지적 제약, 다양성 제약, 재능 제약 등의 네 가지 유형이 있다.

영역 제약은 우리 스스로가 혹은 우리가 속한 분야가 부과하는 제약이다. 분야를 막론하고 기발하고 독창적인 아이디어를 내놓을 수 있으려면 일정 수준의 지식이 필요하다. 각 분야에는 합의된 실행 기준이나 표준적인 작업 절차가 있다. 그림에는 물감이 필요하다. 음악에는 음표와 음계가 필요하다. 물감, 음표, 음계 등은 지나치게 단순화된 감이 있지만 영역 제약의 성격을 생생히 보여주는 사례들이다. 영역 제약은 우리가 자리 잡고 작업할 수 있는 구조를, 그리고 우리가 변주할 수 있는 기준을 제공함으로써 창조성을 촉진한다. 이것은 여러 창조적인 사람들이 때때로 자기만의 영역 제약을 설정하는 까닭이기도 하다. 그들은 가변성의 범위를 제한하고, 영역 내부의 다른 사람들이 새로운 작업의 진가를 더 쉽게 알도록 유도한다. 스토크스는 이런 제약을 '첫 번째 합창'이라고 부른다(일반적으로 음악 작품의 첫 번째 합창이 나머지 부분의 곡조를 결정하는 점에서 착안한 것이다).[150] 설령 우리가 첫 번째 합창에서 벗어나도 그런 일탈의 중요성은 일탈이 아닌 것에서 기인한다.

인지적 제약은 창조자와 사용자, 혹은 창작자와 감상자 모두의 정신적 한계에서 기인한다. 창조적 작업은 흔히 오해받거나 간과되는데 그것은 사람들이 자신의 과거 경험과 배치되는 창조적 작업은 수용하지 못하기 때문이다. 창조적 아이디어는 참신하고 유익한 것이어야 하고, 창조적 작업의 유용성은 사용자나 감상자의 인지적 제약을 통해 판단된다.

펫츠 닷컴Pets.com의 악명 높은 2000년 슈퍼볼 광고를 예로 들어보자. 그 광고는 사람들이 애완용품을 온라인으로 구매해야 하는 이유에 대한 답변으로 '애완동물은 운전을 못하니까'라는 광고 문구를 내세웠다. 그 광고는 확실히 기발하고 매우 익살스러웠고, 심지어 《USA 투데이》의 '슈퍼볼 에드 메터'에서 최상위 광고로 선정되기도 했다. 그러나 광고의 효용에 대한 최종 검증을 통과하지는 못했다. 광고가 매출로 연결되지 못했던 것이다. 광고를 시청한 사람들 중에 개 사료를 온라인으로 구매하라는 말에 설득당한 사람은 거의 없었다. 광고 제작자들은 그 정도 권유로 충분하다고 믿었지만, 그 잘못된 확신은 소비자에 대한 이해 부족에서 기인했다. 소비자들은 애완동물의 운전 능력을 애완동물의 사료를 온라인에서 구매해야 하는 이유로 여기지 않았다. 특정 영역의 전문가가 된다는 것은 창조자나 창작자가 인지적 한계를 극복하는 데, 그리고 유용성까지 갖출 가능성이 높은 아이디어를 선별하는 데 보탬이 된다. 하지만 전문가라는 위치는 소비자의 인지적 제약을 무시할 수 있는 권리가 아니다.

다양성 제약은 특정 작품이나 창조 과정이 기존의 기준과 얼마나 달라야 하는가와 관계 있다. 원작과 똑같은 모방작은 창작물로 인정받지 못하지만, 독특한 수정을 거친 모방작은 창작물로 평가받을 수 있다. 다양성 제약은 창작자들이 자신의 작업이 '참신성'을 갖추려면 기존의 기준과 얼마나 달라야 하는지를 이해하는 데 도움이 된다. 다양성 제약은 모방과 창조 사이의 미세한 선을 드러낸다. 전설적인 헤비메탈 밴드 레드 제플린의 노래들은 아직도 어느 것이 창작곡이고 또 어느 것이 리메이크곡인지를 둘러싼 논쟁으로 이어지고 있다. 예를 들어 레드 제플린의 가장 유명한 노래인 〈스테어웨이 투 헤븐Stairway to Heaven〉의 도입부는 다른 록 밴드인 스피릿이 3년 앞서 만든 연주곡 〈토러스Taurus〉와 눈에 띄게 비슷하다.[151] 〈스테어웨이 투 헤븐〉을 발표하기 전에 몇 년 동안 레드 제플린이 스피릿과 함께 투어를 진행했다는 사실은 〈스테어웨이 투 헤븐〉을 창작곡으로 주장하는 데 걸림돌로 작용한다. 모방에 대한 용인의 정도가 분야별로 다르듯이 다양성 제약의 정도도 업종별 및 장르별로 크게 다르다.

재능 제약은 스토크스가 유전적이라고 확신하는 특정 능력과 관계 있다. 대개의 경우 창조성은 유전적으로 타고나는 재능은 아니지만, 창조적인 사람들이 작업을 할 때 보탬이 되는 그 밖의 능력들은 유전적 특징일 가능성이 있다. 음치인 사람들은 작곡이 매우 어려울 것이고, 절대 음감을 타고난 사람들은 작곡이 훨씬 쉬울 것이다. 마찬가지로 색맹인 예술가는 뛰어난 정물화에 필요한 다채로운 색조를 포착하기가 어려울 것이다. 하지만 스토크스는 재능이 창조성을 보장하지 않는 점과 재능이 창조력의 유일한 전제조건이 아니라는 점을 지적한다. 재능은 선천적으로 타고나는 것과 후천적 개발이 가능한 것으로 구분할 수 있다. 하지만 스토크스는 후천적 개발이 가능한 능력조차 재능 제약 때문에 각기 다른 속도로 습득될 때가 많다고 본다.

스토크스는 이 네 가지 제약이 창조적 문제의 해결에 필요한 구조를 제공함으로써 창조성에 보탬이 된다고 생각한다. 여러 분야에는 이를테면 물리학의 '모든 현상에 대한 단일한 이론' 같은 해결되지 않은 채 방치되거나 해결 가능성이 거의 없는 부실한 구조의 문제들이 있다.[152] 물리학자들이 우주의 모든 현상을 설명할 수 있는 단일한 이론을 활발히 찾고 있는 동안 새로운 사실이 발견되고, 그때마다 모든 현상에 대한 이론을 평가할 기준인 전례典禮는 점점 복잡해진다. 아직 우리는 우주에 관한 모든 현상을 이해하지 못하기 때문에 우리에게 주어진 제약의 정체도 알 수 없다. 그러므로 모든 현상을 설명할 수 있는 이론을 세우기란 어려운 것이다. 부실한 구조의 문제를 해결하기 어려운 까닭은 바로 거기에 제약이 없기 때문이다. 우리가 미래를 상상하고자 할 때와 마찬가지로 부실한 구조의 문제는 과거에 효과가 있었던 해법으로 되돌아가도록 유도한다. 그런 과거의 해법으로 돌아갈 수 있는 우리의 능력을 제한하는 제약이 등장할 때 우리는 더 창조적으로 사고할 수 있다.

　제약의 창조적 추진력은 단지 구조를 제공한다는 사실에서만 비롯되지 않는다. 연구에 의하면 제약을 만날 경우 우리는 창조적 잠재력을 더 효과적으로 이용할 수 있다. 최근 암스테르담 대학교의 심리학 연구자들은 우리가 제약에 직면한 뒤에 더 창조적인 아이디어에 개방적인 태도를 보이고 서로 무관한 아이디어를 더 효과적으로 연결한다는 사실을 입증했다.[153] 연구자들은 실험 참가자들을 두 개의 그룹으로 나눴고, 모든 참가자들에게 미로 찾기 컴퓨터게임을 시작하도록 했다. 하지만 한쪽 그룹에게는 원래의 게임보다 난이도가 훨씬 높은 수정판 게임을 배정했다. 컴퓨터게임을 마친 뒤 양쪽 그룹의 참가자들은 몇 개의 퍼즐로 구성된 표준 창조성 평가를 받았다. 그것은 얼핏 무관해 보이는 아이디어를 서로 연결할 수 있는 능력을 평가하는 검사였다. 미로 탈출이 더 어려운 수정판으로 게임을 했던 그룹의 참가자들은 다른 그룹의 참가자들보다 평균 0.4배 많은 퍼즐을 풀었다. 연구자들은 더 어려운 수정판에 작용한 제약이 참가자들의 정신적 반응을 촉발했고, 그것이 그들의 상상력을 향상시켰다는 결론을 내렸다. 암스테르담 대학교의 연구진이 제약에 직면한 상황이 초래하는 창조성 향상 효과에 관해 발견한 사실은 몇몇 회사에서 익히 알고 있고 실천하는 것이기도 하다. 이들 회사는 기꺼이 제약을 수용한다. 그중 하나인 써티세븐 시그널스는 더 풍부한 창조성을 위해 제약을 용인하는 차원에 그치지 않는다. 즉 제약을 창조한다.

　5장을 읽기 전, 독자 여러분은 아마 써티세븐 시그널스라는 소프트웨어회사를 들어보지 못했을 것이다. 그러나 이미 기술업계에서 이 회사는 통념을 거스르는 관점, 대다수 신생 기술업체에 대한 비판적 태도, 스스로 부과한 제약 속에서 기꺼이 작업하려는 자세 등의 남다른 특징으로 꽤 유명하다. 기업용 웹사이트 제작 전문 디자인회사인 써티세븐 시그널스는 1999년에 제이슨 프라이드가 창업했다.[154] 거의 설립 초기부터 써티세븐 시그널스는 스스로 제약 안에서 작업하도록 강제하는 남다른 비용청구 방식을 선택했다. 당시 많은 웹사이트 개발업체들은 비용을 시간당으로 청구하거나 고가의 웹사이트 제작건을 장기간 대량으로 수주했다. 그러나 써티세븐 시그널스는 1주일 안에 완성하는 조건으로 웹페이지 1개당 3천500달러를 청구했다.[155] 고객이 한 페이지를 더 주문하면 3천500달러의 비용과 1주일의 기간이 추가되었다. 이런 수주 방식 때문에 써티세븐 시그널스의 직원들은 시간과 매체의 제약 안에서 효율적으로 일할 수밖에 없었다. 제품을 고안하기 위한 3천500달러의 노동비로 1주일에 1개의 페이지만 작업하는 방식은 고객사들의 관심을 끌었다. 써티세븐 시그널스의 제약적 가격설정 방식은 창조적인 웹페이지 고안에 도움이 되었을 뿐 아니라 고객사들이 웹사이트 개발업체에 일을 맡길 때의 위험도 최소화했다. 고객사들은 위험부담이 적은 써티세븐 시그널스를 선호했고, 혹여 써티세븐 시그널스가 기한 내에 작업을 끝내지 못해도 다른 업체를 물색할 수 있다는 점에 이끌렸다. 그러나 대부분의 경우 써티세븐 시그널스는 예상보다 더 훌륭한 결과물을 내놓았다.

2003년, 써티세븐 시그널스의 사업 모형은 급격하게 바뀌기 시작했다. 프라이드가 회사 내부적으로 사용하기 위한 프로젝트 관리 시스템의 개발자로 데이비드 하이네마이어 핸슨을 채용했을 때가 바로 그 무렵이었다.[156] 회사 내부용으로 개발된 그 프로그램은 무척 효과적이었고, 결국 상업화 단계를 밟았다. 2004년, 써티세븐 시그널스의 주력 프로젝트 관리 시스템인 베이스캠프가 출시되었다. 2012년, 베이스캠프는 수백만 명의 사람들이 800만 개 이상의 프로젝트 관리에 사용되었다.[157] 베이스캠프는 《포천》 선정 500대 기업의 신제품 출시에서 대통령 선거운동 같은 다양한 용도에 쓰였다.[158] 프라이드와 핸슨의 글을 읽어보자.

"베이스캠프를 개발할 때 많은 제한이 있었다. 우리는 산적한 기존의 고객 작업, 중역들 사이의 7시간이라는 시차(당시 데이비드는 덴마크에서 프로그래밍 작업을 진행했고, 나머지 직원들은 미국에 있었다), 소규모 팀, 외부적 자금원의 부재 등의 악조건에 둘러싸여 있었다."[159]

프라이드와 핸슨은 그런 제약이 그들의 능력을 제한하지는 않는다고 믿었다. 실제로 제약은 "제품의 단순화 기조를 유지하도록 강제했기" 때문에 멋진 제품의 탄생에 일조했다.

처음에는 단지 자원적 제약을 극복하기 위한 대응에 불과했지만, 베이스캠프의 단순성은 써티세븐 시그널스가 스스로 부과한 영역 제약으로 자리 잡았다. 베이스캠프는 매우 단순했기 때문에 매우 유용한 제품이 될 수 있었다. 개발자들에게는 여러 가지 기능을 갖춘 제품을 만들 만한 자원이 없었기 때문에 그렇게 하지 않았다. 그들이 발견한 점은 사용자들이 다양한 기능을 원하지 않는다는 사실이었다. 사용자들은 간단하게 작업할 수 있는 제품을 원했다. 베이스캠프의 모방작을 비롯한 써티세븐 시그널스의 모든 제품은 앞으로도 사용이 간단한 것이어야 한다. 써티세븐 시그널스는 현재 하이라이즈(고객 관계 관리 프로그램),

캠프파이어(사업용 실시간 단체 대화방), 백팩(정보 관리자 겸 인트라넷), 베이스캠프 등의 네 가지 핵심제품만 취급하고 있다. 이들 제품은 단순하고, 효과적이며, 대다수 소프트웨어의 '기능 과잉 현상'과 무관하다. 써티세븐 시그널스가 초기에 직면한 자원 부족이라는 제약은 성공의 주춧돌로 변모했다. 프라이드와 핸슨은 다음과 같이 쓰고 있다.

"요즘 우리에게는 더 많은 자원과 인력이 있지만, 우리는 여전히 제약을 강제한다. 우리는 한두 명의 사람만이 한 번에 하나의 프로젝트를 맡도록 조치한다. 그리고 항상 기능을 최소화한다. 스스로를 이런 식으로 강제하면 과장된 제품을 생산하는 경우를 피할 수 있다."[160]

단순성이라는 스스로 부과한 자발적 제약 외에도 써티세븐 시그널스는 또 하나의 자발적 제약인 가격설정에서도 자유를 발견했다. 제품의 가격설정은 용도에 따라 다르지만, 써티세븐 시그널스는 고객사가 특정 제품에 지불할 가격의 상한선을 둔다. 베이스캠프의 경우, 가격 상한선은 매월 150달러다. 고객사가 창출하는 사용자 계정의 개수나 제품의 사용량과 무관하게 가격은 매월 150달러를 초과하지 않는다. 이런 가격설정적 제약은 단순한 마케팅 수단이 아니다. 프라이드는 이런 제약 덕분에 본인의 마음이 편할 뿐 아니라 회사 전체적으로도 서비스 향상과 제품 개발에 집중할 수 있다는 점을 발견했다. 프라이드는 다음과 같이 쓰고 있다.

"많은 기업가들이 고래를 낚아 올리는 일, 그러니까 최상부를 살찌우고 즉각적인 신뢰를 선사할 단 하나의 거대한 상표명 계정을 확보하는 일에 인생을 소비한다. 그러나 나는 대형 고객사들이 신경 쓰인다. 결국 우리에게 가장 많은 돈을 지불하는 사람은 우리에 대한 가장 막강한 통제력을 갖는다. 우리는 특정 고객사가 우리를 통제하기를 바라지 않는다."[161]

이와 같은 제약은 써티세븐 시그널스가 유난히 날씬한 몸매를 유지할 수밖에 없는 상황을 연출할지 모르지만, 한편으로는 대형 고객사의 비위를 맞추는 대신 제품 개발에 창조성을 집중할 수 있는 자유를 선사한다.

제약을 열정적으로 수용하는 써티세븐 시그널스의 자세는 효과가 있는 듯하다. 써티세븐 시그널스의 단순하고 근사한 제품은 매년 700만 달러의 매출을 올리고 있다.[162] 그리고 다음과 같은 세 번째 자발적 제약의 측면에서 볼 때 써티세븐 시그널스의 성공은 정말 주목할 만하다. 써티세븐 시그널스는 설립 초기부터 지금까지 벤처 캐피털 자금을 단 1달러도 이용하지 않았다. 프라이드와 핸슨은 대다수의 외부 자본을 내부 오염원으로 간주하고, 설령 긍정적 영향을 미쳐도 어쨌든 수익 창출, 회사 매각, 기업공개 등과 관련한 압박감에 시달릴 것으로 본다.

물론 써티세븐 시그널스가 하지 못하는 일도 많다. 써티세븐 시그널스가 마이크로소프트, 애플, 구글 같은 거대 기술기업으로 성장할 가능성은 크지 않다. 경량화 강조에 따른 제약 때문에 문제를 해결하거나 제품을 개선하는 일에 막대한 자금을 투자하지도 않을 것이다. 하지만 써티세븐 시그널스는 이런 어려움을 기꺼이 수용한다. 왜냐면 창업 이후 10여 년 동안 이룩한 성공의 대부분은 바로 이런 어려움 덕분이었기 때문이다. 자원의 부족은 써티세븐 시그널스가 제품을 만들고 다듬으면서 고안한 창조적이고 근사한 해법의 촉매제 역할을 해왔다. 프라이드와 핸슨의 글을 읽어보자.

"제약은 위장한 이점이다. 부족한 자원은 기존의 자원으로 임시변통에 나서도록 강제한다. 낭비의 여지는 없다. 그러므로 창조적이지 않으면 안 된다."[163]

프라이드와 핸슨은 아마 퍼트리샤 스토크스의 제약과 창조성에 관한 연구를 모를 것이다. 하지만 두 사람은 자원 부족을 불평하는 사람들에게 스토크스와 똑같은 교훈을 들려줄 것이다.

"투덜대지 마라. 모자람은 좋은 것이다."[164]

그러나 아직 많은 사람들은 투덜대고 있다. 우리는 창조 과정의 어려움과 실패를 겪으면서 점점 제약 신화에 빠져든다. 우리는 자신이 더 창조적이지 못한 이유에 대한 외부적 설명을 원하고, 제약은 손쉬운 핑계다. 조직에서 이런 믿음은 프로젝트 좌초와 혁신 부재로 이어진다. 그리고 제약 안에서 작업하며 창조성을 끌어올리는 대신 더 많은 자원을 물색하고 제약을 없애는 일에 몰두하게 된다. 제약 신화에 빠진 채 자원 확보에 매달리면 원래의 문제를 놓치게 된다. 증거에 의하면 우리는 제약 속으로 들어가야 하고, 제약으로 인해 문제 주변에 생기는 구조에 초점을 맞춰야 한다. 로니 그래프먼이 가르친 공학 전공 대학생들부터 써티세븐 시그널스처럼 매우 혁신적인 사람들과 기업들은 제약을 수용하고, 주어진 한계 속에서 작동하는 해법을 찾는 과정에 창조적 관심을 집중한다. 창조성은 제약을 먹고 자라고, 제약 덕분에 활짝 꽃핀다.

10
쥐덫 신화
MOUSETRAP

남보다

뛰어나면 언젠가 세상이 알아준다. 다들 이 속담을 들어봤을 것이다. 꽤 유명한 속담이다. 귀가 솔깃한 말이다. 그리고 얼핏 대단해 보이는 아이디어를 궁리하고 있는 사람들에게 희망을 주기도 한다. 그러나 이것은 잘못된 조언이다. 이 속담은 **쥐덫 신화**의 완벽한 요약본이다.

쥐덫 신화는 일단 우리가 창조적 아이디어나 혁신적인 신제품을 내놓으면 남들이 자연히 그것의 가치를 알아줄 것이라는 가정, 그리고 멋진 아이디어를 생각해내면 세상이 기꺼이 받아줄 것이라는 가정에 근거한다. 우리는 내가 개발한 신제품이 출시되거나 새로운 작업이 공개될 때 축하가 따를 것으로 기대한다. 그러나 그렇지 않을 때가 많다. 그런 경우는 드물다. 쥐덫 신화에 빠진 채 막연히 세상 사람들의 축하를 기대하면 실망에 빠지기 쉽다. 왜냐면 새로운 아이디어에 대한 가장 일반적인 반응은 그것의 진가를 인정하는 것이 아니라 무시하거나 비난하는 태도다.

진짜 쥐덫을 예로 들어보자. 미국 특허청은 지금까지 4천400건의 쥐덫 특허를 인정했다.[165] 그중에서 약 20건의 디자인만 상업적 경쟁력이 있는 제품으로 발전했다. 그 가운데 가장 성공적인 디자인은 흔히 알고 있는 용수철 쥐덫이다. 용수철 쥐덫은 1899년에 고안되었다. 지금까지 해마다 약 400건의 쥐덫 디자인이 특허를 받기 위해 제출되었지만, 용수철 쥐덫을 능가한 것은 없었다. 특허를 받은 4천400건의 디자인 이면에는 다음과 같은 단순한 진리가 자리 잡고 있다. 즉 더 우수한 쥐덫을 만들 수는 있어도 세상 사람들에게 인정받기 위한 지난한 과정이 남아 있다. 이것은 미국 해군의 제독 윌리엄 소던 심스가 획기적인 해전海戰 방식을 발견했지만, 상관들에게 그 새로운 방식의 타당성을 설득하는 일이 가장 어려운 전투임을 깨달으면서 배운 교훈이다.

심스의 혁신은 하나의 멋진 아이디어, 다시 말해 실행되기만 하면 해상 포격의 정확성과 효율성을 급격하게 향상시킬 만한 아이디어에서 비롯되었다(하지만 그것은 당장 실행되지는 않았다).[166] 심스가 내놓은 혁신의 본질을 이해하기 위해서는 우선 해상 포격의 어려움을 이해해야 한다. 주된 문제는 흔들리는 선박의 갑판 위에 대포가 설치된다는 점이다. 따라서 기본적으로 포좌砲座가 불안정할 수밖에 없다. 1898년 이전까지 모든 선박의 대포는 동일한 기법을 활용해 불안정성을 극복하려고 했다. 조준수照準手는 가늠자로 목표물을 겨냥한 뒤 원하는 목표의 범위에 들어가도록 대포의 높이를 조절했다. 조준수가 목표물을 겨냥할 때는 배가 위아래로 흔들리기 마련이었다. 조준수는 목표물이 십자선 뒤로 물러날 때 대포를 발사했다. 그러나 이 방법은 중대한 단점이 있었다.

우선 조준수는 배의 움직임에 따라 발사 속도를 결정해야 했다. 조준수는 배의 움직임에 따라 목표물을 가늠자 안에 포착했기 때문에 파도의 움직임에 의해 목표물이 십자선 안에 들어올 때만 대포를 쏠 수 있었다. 게다가 목표물이 가늠자 안에 들어올 때 발사하도록 훈련을 받았어도 대포를 쏘려고 판단하는 시점과 실제로 발사 단추를 누르는 시점 사이에 시간적 간격이 생기기 때문에 단추를 누르는 순간에는 바다의 움직임으로 인해 목표물을 빗나갈 우려가 있었다.

심스가 제시한 혁신적 방법은 사실 영국 해군 제독인 퍼시 스콧 경이 1896년부터 1899년까지 영국 군함 실러호의 함장으로 재직하면서 생각해낸 아이디어였다. 어느 날 스콧은 대원들이 거친 바다 한가운데서 사격 연습을 하는 장면을 지켜봤다. 파도가 심했기 때문에 대부분의 조준수들은 고전을 면치 못했지만, 한 사람만은 예외였다. 문제의 대원이 손으로 상승 기어를 계속 조작하는 모습이 눈에 띄었다. 그 미묘한 조작 덕분에 목표물이 배가 위아래로 흔들리는 와중에도 십자선 안에 머물렀다. 스콧은 실러호의 모든 조준수들이 그 방법을 배웠으면 좋겠다고 생각했다. 우선 그는 배가 흔들리는 동안에도 조준수들이 대포의 각도에 계속 적응하기 쉽도록 실러호의 모든 대포의 구조를 변경하는 작업에 착수했다. 덕분에 조준수들은 파도의 속도와 강도가 변하는 상황에서도 목표물을 가늠자 안에 포착할 수 있었다. 스콧이 제시한 기술적 변화와 새로운 발사 방식은 훗날 지속 조준 발사법으로 알려지게 되었다.

2년 뒤 테러블호를 타고 중국에 주둔해 있을 때 스콧은 미국 해군의 하급 장교였던 윌리엄 소던 심스를 만났다. 두 사람은 금세 의기투합했고, 스콧은 심스에게 지속 조준 발사법을 시험해 성공한 이야기를 들려줬다. 심스는 스콧의 도움을 받아 자신이 지휘한 함정의 기어 구조를 바꿨고, 대원들에게 새로운 방식을 훈련시켰다. 몇 달 뒤 심스 휘하의 대원들은 사격 연습에서 놀라운 정확성을 보이기 시작했다. 심스는 탁월한 방식을 발견했다고 생각했고, 즉시 그 소식을 소속 함대 전체에 알리기로 했다. 그러나 함대 상급자들의 반응은 시큰둥했다. 아니 반응이 전혀 없었다.

이후 심스는 자신이 채택한 방식의 요점을 기술하고 스콧의 함정과 자신의 함정의 명중률을 기록한 공식 보고서 8편을 작성해 미국 해군 군수국과 항해국에 보냈다. 워싱턴 당국자들은 처음에는 반응을 보이지 않았다. 그들은 심스의 보고서를 읽었지만 꾸며낸 이야기로 치부했다. 그들은 심스의 보고서를 무시하고 다른 곳에 치워놓았고, 심지어 답변서를 보낼 생각도 하지 않았다. 잇달아 보고서를 보낼 때마다 심스의 표현은 점점 거칠어졌고, 대응 전술도 점점 과감해졌다. 그는 워싱턴의 고위 당국자들의 반응을 이끌어내기 위해 보고서 사본을 함대의 다른 장교들에게도 보냈다. 결국 응답이 왔다. 군수국장은 심스의 주장을 전혀 인정하지 않았다. 그는 심스의 지속 조준 발사법을 이용해 측정한 사격 연습 기록은 수학적으로 불가능한 것이라고 주장했다. 하지만 심스는 이미 여러 차례의 시험을 통해 새로운 방법의 타당성을 입증했고, 다른 장교들도 각자의 함정에서 마찬가지 결과를 보였다.

마침내 심스는 최종 보고서를 작성했고 개인적 신상, 아이디어의 내용, 그 아이디어가 해군 전체에 도입되도록 노력하는 과정에서 겪은 어려움 등을 기술한 편지 한 통과 함께 시어도어 루즈벨트 대통령에게 보냈다. 루즈벨트는 과거에 해군 차관보로 잠시 근무한 적이 있었다. 아마 루즈벨트가 심스의 편지를 읽고 해군의 사격술을 향상시키고자 했던 그의 지속적인 노력이 수포로 돌아간 과정을 파악한 뒤 행동에 나서기까지는 해군 차관보로 재직한 경험이 작용했을 것이다. 그러나 이유야 어쨌든 간에 루즈벨트는 스미스의 주장에 수긍했고, 즉시 그를 워싱턴으로 불러들였다. 그는 심스를 해군 사격 연습 감독관으로 임명했다. 심스는 드디어 자신의 방식을 실행할 수 있는 위치에 올랐다. 그는 감독관으로 6년간 근무했고, 해군 장병들 사이에서 '우리에게 사격술을 가르친 사람'으로 통하게 되었다.

창조적 아이디어는 평가를 부르는 법이다. 사람들은 새로운 것이 과거의 것을 포기할 만큼 가치가 있는지 확인할 필요가 있다. 우리는 변화를 두려워하는 경향이 있고, 따라서 우리에게 변화를 요구하는 혁신을 두려워한다. 특히 조직은 구성원들에게 신선한 아이디어를 내놓고 네모 밖에서 생각하라고 말한다. 하지만 실제로 독특한 아이디어를 내놓으면 너무 이상하다거나 불가능하다는 이유로 퇴짜를 놓는 경우가 많다.

이와 관련한 또 다른 문제는 창조적 아이디어를 공개할 경우 남들이 그것을 가로챌 가능성이다. 하지만 컴퓨터 분야의 개척자로 유명한 하워드 H. 에이킨의 관점에서 볼 때 그것은 기우다. 창조적 아이디어를 비밀리에 간직하려는 사람들에게 에이킨이 들려준 조언은 다음과 같다.

"남들이 당신의 아이디어를 훔쳐갈 것을 걱정하지 마라. 당신의 아이디어가 약간 좋은 수준이라면 아마 사람들의 목구멍 안으로 그것을 밀어 넣어야 할 것이다."[167]

사람들이 창조적 아이디어를 받아들이거나 가로채지 않고 아예 퇴짜를 놓으리라는 에이킨의 믿음은 개인적 경험에서 생긴 것이다. 에릭 리즈도 마찬가지다. 창업의 명수 겸 여러 신생 기업의 멘토인 에릭 리즈에 의하면 잠재적 경쟁자들에게 아이디어와 시장점유율을 빼앗길까 봐 과감하게 도전하지 못하는 장래의 기업가들이 많다고 한다. 리즈는 이렇게 말한다.

"나는 이 문제로 걱정하는 기업가들에게 다음과 같은 숙제를 내줄 때가 많다. 아마 아직 설익은 통찰 수준이겠지만 당신의 아이디어 하나를 골라라. 그 분야에 종사하는 기존 회사의 관련 제품 관리자와 접촉해라. 그 회사 사람들이 당신의 아이디어를 훔쳐가도록 유도해라."[168]

리즈는 숙제 이면의 원리를 다음과 같이 설명한다.

"사실 대다수 회사의 대다수 관리자들은 이미 멋진 아이디어에 둘러싸여 있다."

우리는 본인의 멋진 아이디어를 남에게 빼앗길까 봐 걱정하지만 사람들은 우리의 아이디어를 무시할 가능성이 높다. 사람들은 타인의 아이디어를 검토한 뒤 그것을 가로채기보다는 아예 인정하지 않을 공산이 훨씬 크다.

멋진 아이디어가 아예 퇴짜를 맞은 사례는 많다. 1975년, 코닥의 연구진은 최초의 디지털카메라를 발명했지만, 후속 연구를 추진하지 않았다. 코닥은 소비자들이 기존 필름카메라의 품질을 쉽사리 포기하지 않을 것으로 여겼다.[169] 코닥이 제작한 시제품은 무게가 몇 파운드에 달했고, 해상도는 1만 화소에 불과했다. 문제의 시제품은 다른 카메라의 렌즈, 녹화기, 그리고 여러 가지 잡동사니 부품 등을 조립해 만든 것이었다. 코닥의 경영진은 시제품을 검토하자마자 연구소로 되돌려 보냈고, 디지털카메라 개발은 보류되었다. 경영진은 필름카메라의 해상도가 더 높기 때문에 적어도 가까운 장래까지는 필름카메라의 시대가 지속될 것으로 판단했다. 이후 코닥은 소니가 시제품을 개발해 디지털 사진술의 미래를 선점하는 동안에도 전혀 무관심했다. 소니가 비록 해상도는 낮지만 역사적인 기술 혁신으로 평가받은 자사 최초의 디지털카메라를 내놓았을 때도 코닥은 여전히 관심이 없었다. 소니가 자사의 카메라를 공개했을 때 코닥의 부사장 존 로버트슨은 이렇게 말했다.

"해상도가 자기 집 텔레비전 화면과 동일한 수준인 카메라를 누가 사겠는가? 그것은 우리도 몇 년에 걸쳐 검토했지만 결국 시장성이 없다고 판단한 아이디어다."

2001년, 의사 존 애들러의 약 20년에 걸친 고군분투는 식품의약국 FDA이 그의 획기적인 암 치료법을 20여 년 만에 승인하면서 비로소 막을 내렸다.[170] 애들러는 스웨덴에 머물고 있을 때 현지 의사들이 작은 방사선을 다양한 각도에서 비춰 뇌종양을 치료하는 모습을 목격했다. 각 방사선은 건강한 조직에 피해를 입힐 만큼 강도가 세지는 않았지만 종양이 있는 지점에서 교차할 경우 강도가 커져 암 조직을 없앴다. 스웨덴 의사들의 방식을 참고한 애들러는 방사선의 정확한 각도와 강도를 계산하는 컴퓨터를 이용해 몸 전체의 암을 치료할 수 있는 비슷한 방법을 개발했다. 애들러의 아이디어는 독창적인 것이었지만, 그에게는 아이디어를 발전시키고 홍보해본 경험이 부족했다. 그는 개발 과정에 필요한 자금을 대주고 최종 제품을 구입해줄 만한 사람을 애타게 찾앉지만, 아이디어에 관한 설명을 들어본 사람들은 퇴짜를 놓았다. 애들러가 시제품 및 사업 모형의 개발에 필요한 충분한 지원을 이끌어내기까지는 약 20년이 걸렸다. 하지만 한때 '애들러의 바보짓'으로 알려진 것이 지금은 '사이버나이프Cyberknife'로 탈바꿈했고, 세계의 대다수 주요 암 치료 센터에서 외과 수술 없이 종양을 파괴하는 효과적인 수단으로 쓰이고 있다.

노벨상 수상자 폴 C. 로터버는 과학 분야에서 특히 만연한 쥐덫 신화의 폐해를 지적한 인물이다. 과학 학술지 《네이처》가 자기공명영상법 개발에 관한 자신의 논문을 게재하기를 거부했을 때 로터버는 이렇게 말했다(나중에 그는 자기공명영상법을 개발한 공로로 노벨상을 받았다).

"《사이언스》나 《네이처》가 게재를 거부한 논문으로 지난 50년간의 과학사를 쓸 수 있다."[171]

로터버의 발언에는 특정 분야의 전문가들조차 그 분야를 발전시키는 아이디어를 부정하는 경향이 있다는 뜻이 담겨 있다. 언젠가 디지털 이큅먼트 코퍼레이션의 창업자 켄 올슨은 "자기 집에 컴퓨터를 두고 싶은 사람은 없을 것이다"라고 말했다.[172] 미국 특허청의 청장이었던 찰스 듀엘은 1899년에 "이제 발명할 수 있는 것은 모두 발명되었다"라고 주장했다.[173] 공교롭게도 1899년은 용수철 쥐덫의 특허가 인정된 해였다. 대형 영화사 워너 브라더스의 창업자 H. M. 워너는 유성 영화 아이디어를 무시하면서 "대체 누가 배우들의 대사를 듣고 싶겠소?"라고 말했다.[174] 소크라테스와 플라톤조차 책이 지식을 전달하는 유익한 수단이라는 아이디어를 주제로 논쟁을 벌였다.[175] 이상은 모두 흥미진진한 일화들이지만 똑똑한 사람들도 새로운 아이디어를 판단할 때는 어이없는 실수를 저지를 수 있는 가능성을 보여주는 데 그치지 않는다. 이 일화들은 우리 중에서 가장 영리한 사람들조차 진정으로 창조적인 아이디어를 인정하기 쉽지 않다는 사실을 암시한다.

사람들은 창조적 아이디어를 불편해한다. 연구에 의하면 우리는 적어도 잠재의식적으로는 어떤 아이디어의 참신성과 유용성을 동시에 인정하는 데 어려움을 느낄 수 있다. 창조성과 실용성을 둘러싼 인지부조화는 창조적 아이디어에 대한 미묘한 편견으로 이어질 수 있다. 이런 편견은 2012년에 코넬 대학교, 펜실베이니아 대학교, 노스캐롤라이나 대학교 등의 연구자들로 이뤄진 공동 연구진에 의해 경험적으로 증명되었다.[176] 펜실베이니아 대학교 와튼 스쿨 경영학 조교수 제니퍼 뮬러가 이끈 그 연구진은 아주 약간의 불확실성에 직면할 때의 창조적 아이디어에 대한 우리의 인식을 규명하기 위한 두 가지 연구를 수행했다.

첫 번째 실험에서 연구진은 참가자들을 두 개의 그룹으로 나눴고, 한 그룹에게는 무작위 추첨을 통해 추가 보수를 지급할 것이라고 말함으로써 아주 낮은 수준의 불확실성을 조성했다. 연구자들은 추가 보수를 받을 확률에 관한 구체적인 설명을 하지 않았고, 일단 실험이 종료되면 알 수 있다고만 말했다. 그것은 매우 중대한 제의는 아니었지만, 참가자들에게 미세한 불확실성을 심어줄 만한 것이었다. 이후 참가자들은 일련의 테스트를 받았다. 첫 번째 테스트에서 참가자들은 컴퓨터 화면의 단어쌍 중에서 마음에 드는 것을 골라야 했다. 각 단어쌍에는 이를테면 '신기한', '독창적인' 처럼 창조성과 관련한 단어나 '기능적인', '유익한' 처럼 실용성과 관련한 단어 1개와 '햇빛', '평화' 처럼 긍정성을 띤 단어나 '나쁜', '전쟁' 처럼 부정성을 띤 단어 1개가 포함되어 있었다. 따라서 참가자들은 예를 들어 '유익한 전쟁' 같은 단어쌍이나 '신기한 햇빛' 같은 단어쌍 중에서 마음에 드는 것을 골라야 했다. 암묵적 연상반응 검사로 알려진 그 테스트는 참가자들의 반응 속도로 연상작용의 강도를 측정한다. 참가자들이 예를 들어 긍정성과 실용성을 겸비한 표현이나 긍정성과 창조성을 겸비한 표현 같은 특정 단어쌍을 더 빨리 더 자주 조합할수록 개념의 긍정적 연상의 정도가 높다고 평가되었다.

두 번째 테스트는 첫 번째 테스트보다 더 노골적이었다. 두 번째 테스트는 참가자들에게 창조성과 실용성에 대한 자신의 태도를 1점부터 7점까지 점수로 평가하라고 요구함으로써 창조성에 관한 인식을 측정했다. 그 테스트는 명시적 연상반응 검사로 알려진 직접적인 방식이다. 2개의 그룹 모두 동일한 테스트를 받았지만, 테스트 결과를 취합해보니 추가 보수에 관한 이야기를 듣지 못한 그룹이 암묵적으로나 명시적으로나 창조성과 실용성의 관계에 대해 긍정적인 연상반응을 보인 것으로 드러났다. 그 그룹에 속한 참가자들은 명시적 연상반응 검사에서는 창조적 아이디어를 원한다고 말했고, 암묵적 연상반응 검사에서는 실용성을 띤 표현에 비해 창조성을 띤 표현을 뚜렷하게 더 선호하지는 않았다. 하지만 추가 보수에 관한 이야기를 들은 그룹은 조금 달랐다. 거기 속한 참가자들은 명시적 연상반응 검사에서는 창조성과 실용성의 관계에 대해 긍정적인 연상반응을 보였지만, 암묵적 연상반응 검사에서는 창조성과 실용성을 구분했다. 즉 그들은 실용성에 비해 창조성에 대한 암묵적 편견을 드러냈다. 그들은 창조적 아이디어를 높이 평가한다고 말했지만, 암묵적 연상반응 검사에서 창조성을 띤 표현과 실용성을 띤 표현 중 하나를 선택해야 할 때는 후자를 선호하는 경향이 있었다. 그들은 새롭고 창조적인 아이디어를 원한다고 말했지만 아주 미세한 불확실성에 노출되자 창조성이 낮고 실용성이 높아 보이는 표현을 뚜렷하게 선호했다.

연구진은 가령 불확실성이 팽배한 시기에 모든 사람이 이와 같은 편견을 가진다고 한다면 사회 전체가 중요한 혁신을 받아들이지 않은 역사를 설명할 수 있을지 모르다고 생각했다. 그 점을 검증하기 위해 연구진은 창조적 아이디어를 판단하는 능력을 살펴보는 실험에 착수했다. 새로 모집한 실험 참가자들은 이번에도 2개의 그룹으로 나뉘었다. 연구진은 한 그룹에게는 불확실성에 대한 높은 관용도를, 다른 그룹에게는 낮은 관용도를 조성하고자 했다. 연구진은 각각 높은 관용도와 낮은 관용도를 조성하기 위해 검사에 앞서 참가자들에게 에세이를 쓰도록 했다. 높은 관용도 그룹의 참가자들은 모든 문제에는 다양한 해법이 존재한다는 견해를 지지하는 에세이를 작성해야 했다. 그것은 미리 참가자들에게 새로운 아이디어를 선호하는 경향을 심어주기 위해서였다. 반대로 낮은 관용도 그룹의 참가자들은 대다수 문제에는 하나의 올바른 해법만 존재한다는 논지의 에세이를 작성해야 했다. 두 그룹은 첫 번째 실험의 참가자들과 마찬가지로 암묵적 연상반응 검사와 명시적 연상반응 검사를 받았고, 시원한 착용감을 위해 온도 변화에 맞춰 직물 두께를 자동적으로 조절하는 운동화라는 창조적 아이디어를 점수로 평가했다. 첫 번째 실험의 결과로 짐작할 수 있듯이 낮은 관용도 그룹은 창조성에 대한 명시적 편견을 드러냈을 뿐 아니라 그 운동화 아이디어를 낮게 평가하는 경향을 보였다.

이 실험 결과는 창조성을 바라보는 우리의 시각과 관련해 몇 가지 흥미로운 시사점을 던져준다. 얼마나 개방적인 사람인지, 혹은 얼마나 개방적이라고 자부하는지와 무관하게 우리는 불확실한 상황에서는 창조성을 향한 야릇한 편견을 드러낸다. 이것은 단지 익숙한 바에 대한 선호나 현상태를 유지하려는 욕구가 아니다. 이것은 새롭고 혁신적인 아이디어에 대한 노골적인 거부다. 우리가 긍정적 변화를 바랄 때조차 이런 편견은 창조적 아이디어를 진정으로 인정할 수 있는 능력에 영향을 준다. 조직 내부에서의 창조성에 대한 인정은 훨씬 더 복잡한 문제다. 대다수 아이디어가 조직의 다양한 단계에 위치한 다양한 사람들이 관계되는 승인 과정을 거쳐야 하기 때문이다. 각 단계를 거칠 때마다 관리자나 팀은 아이디어의 경쟁력을 따지고, 아마 더 중요한 점이겠지만 그것이 자신의 부서나 경력에 피해를 끼칠 우려가 있는지를 판단해야 한다. 만약 그렇다면 그 아이디어는 실행하기에 너무 위험한 것이다. 이 같은 영향이 바로 밴더빌트 대학교 경영학 교수 데이비드 오언스가 '거부의 계서제hierarchy of no'로 부르는 것이다.[177] 조직은 창조성과 혁신의 혜택을 찬양하지만, 다름 아닌 조직의 구성원들이 편견을 갖고 있기 때문에 창조성과 혁신의 혜택은 무망하다. 혁신적이라고 자부하는 많은 조직은 구성원들이 아이디어를 내놓을 시간적 여유를 제공하겠지만, 결국에는 실행할 수 있는 최고의 아이디어를 고르기 위한 장애물을 가동한다. 문제는 그런 장애물이 너무 높을 때, 그리고 유용해 보이지만 너무 새로운 아이디어가 창조성에 대한 편견을 뛰어넘지 못할 때 발생한다. 뮬러가 이끈 연구진은 심지어 조직에 필요한 것은 더 창조적인 아이디어가 아니라 우선 혁신을 알아보고 창조성을 수용할 수 있는 더 나은 시스템을 개발하는 작업일지 모른다고 본다.[178] 2명의 친구와 전직 관료들이 함께 설립한 어느 회사가 바로 그런 시스템을 개발했다.

라이트솔루션스는 로드아일랜드 주의 뉴포트를 거점으로 활동하는 소프트웨어회사다.[179] 이 회사는 해군 잠수함 항법 장치나 카지노의 전자 도박 기계 같은 다양한 소프트웨어 프로그램을 제작한다. 라이트솔루션스는 2000년에 오랜 친구 사이인 짐 라보이와 조 마리노가 설립했다. 두 사람은 원래 굴지의 방위산업체에서 함께 일하며 성공가도를 달렸다. 그러나 당시 그들은 소속 회사에서 혁신적 아이디어가 처리되는 방식에 점점 회의를 느끼게 되었다. 라보이의 말을 들어보자.

"누군가 멋진 아이디어를 내놓으면 우리는 '좋아. 심사위원회에서 발표할 기회를 주겠네'라고 말하곤 했다. 심사위원회의 임무는 회사의 위험부담을 방지하는 것이었다. 아이디어를 조목조목 비판하는 것이었다."[180]

마리노의 회상에 의하면 심사위원들은 아이디어를 제출자에게 시장 규모, 예상 비용, 투자수익률 추정치 등에 관한 질문을 퍼부었다. 항상 최고의 아이디어나 최고의 인재가 그런 집중공격을 이겨내고 정식 허가를 받지는 않았다. 무차별공격을 이겨낸 행운의 주인공은 최고의 발표자였다. 라보이는 "나는 명석해서가 아니라 연기를 잘해서 부사장 자리에 올랐다"라고 말한다.[181]

라보이와 마리노는 다른 유형의 회사를 지향했다. 그들은 새로운 아이디어를 듣자마자 거부하는 대신 환영하고 육성할 줄 아는 회사를 세우고 싶었다. 그런 목표를 염두에 두고 2000년에 회사를 설립했지만 두 사람이 창업 취지에 맞는 시스템을 개발하는 방법을 알아낸 시점은

2004년이었다.[182] 그 무렵 라보이는 경제 뉴스를 듣다가 주식 시장이 혁신의 평가 수단이 될 수 있지 않을까 하는 생각이 떠올랐다. 알다시피 주식 시장에서는 누구나 전망 있어 보이는 회사에 투자할 수 있다. 사람들은 투자 요령을 연구하고 충분한 지식을 쌓은 듯한 자신감이 생길 때 주식 시장에 발을 들여놓는다. 주식 시장에는 각 주식과 관련한 사업계획을 검토하고 얼마나 많은 사람들에게 투자를 허용할지 결정하는 심사위원회도 없다. 라보이는 직원들의 혁신적 아이디어를 관리하는 주식 시장 비슷한 시스템을 회사 내부에 구축할 수 있다고 판단했다. 그렇게 탄생한 것이 '뮤추얼 펀'이다.

뮤추얼 펀은 라이트솔루션스의 내부 웹사이트에 설치된 일종의 주식 시장이다. 뮤추얼 펀은 아이디어의 유형에 따라 세 가지의 거래 부문으로 나뉜다. '스파츠닥'은 위험도가 높은 아이디어, 다시 말해 전혀 새로운 사업이나 기술을 주로 다룬다. '바우 존스'는 기존 제품의 잠재적 확장을, 그리고 '세이빙스 본즈'는 소규모 운영상의 혁신을 목표로 삼는다. 직원들은 누구나 아이디어를 이 세 가지 시장에 등록할 수 있다. 아이디어를 시장에 내놓기 전에 경영진의 승인을 받을 필요 없다. 상장된 아이디어의 주인공은 그것의 내용과 잠재력을 설명하는 '익스펙터스ExpectUs'(투자 설명서를 뜻하는 '프로스펙터스prospectus'를 빗댄 말이다)를 작성한다. 각 주식은 아이디어의 주인공이 아이디어의 추진 과정에 필요하다고 생각하는 단계의 개요를 설명한 '버즈잇Budge-It'도 갖춰야 한다. 신규 주식에는 10달러의 시작 가격이 부여되고, 심지어 시세 표시용 약어도 할당된다. 각 직원에게는 마음에 드는 아이디어에 투자할 수 있는 1만 달러의 가상화폐도 지급된다. 상장된 각 주식에는 아이디어의 장점과 고려할 만한 향후 단계를 토론할 수 있는 전자 게시판도 배정된다.

현실세계의 시장처럼 투자금은 투자자들이 선호하는 아이디어, 그리고 그들이 경쟁력 있는 프로젝트로 발전할 공산이 가장 크다고 판단하는 아이디어에 몰리기 마련이다. 그러나 직원들은 단지 돈을 투자하는 데 그치지 않는다. 그들은 잠재력 있는 프로젝트에 시간과 전문지식도 투자한다. 1주일에 한번씩 '시장 조성자'는 시스템에 로그인해 각 주식을 재평가한다. 평가 기준은 해당 주식에 투자된 자금과 시간이다. 충분한 관심을 끌지 못하는 아이디어는 퇴출된다. 추진력을 얻은 아이디어에는 실제 프로젝트로 발전할 수 있도록 실질적인 지원금이 제공된다. 주식이 아이디어에서 영리적 프로젝트로 변모하는 과정에서 시간을 투자한 직원들은 실제로 자사의 주식 매입 선택권과 상여금을 통해 수익을 공유하게 된다. 아이디어를 시장에 내놓은 직원은 설령 투자를 받지 못해도 연례 실적 평가에서 그 부분을 인정받는다.

2005년에 출범한 이 시스템은 겨우 몇 년밖에 운영되지 않았지만 이미 대성공을 거뒀다. 각 직원에게 지급된 1만 달러는 가상화폐이지만 투자수익은 실질화폐로 지급된다. 라보이는 "덕분에 우리는 모든 구성원의 집단적 재치를 수확할 수 있다"라고 말한다. 일례로 라이트솔루션스의 핵심 기술인 패턴 인식 알고리즘은 애초의 아이디어가 뮤추얼 펀에서 시작되었기 때문에 제품화 과정에서 상당한 지원을 받을 수 있었다. 패턴 인식 알고리즘은 여러 군사용 응용 프로그램과 카지노의 도박 프로그램에 쓰이고 있다. 당시 그 알고리즘의 작동 방식에 관한 기술적 지식이 없었던 어느 행정직 여직원은 그것이 교육용 게임에 쓰일 수 있는지 궁금했다.[183] 그녀는 뮤추얼 펀에 아이디어를 등록했고, 거기에 관심 있는 엔지니어들의 투자가 쇄도했다. 이후 그녀의 아이디어는 계속 추진 단계를 밟았고, 결국 유수의 완구회사와 대형 계약을 맺게 되었다. 출범 첫해에만 뮤추얼 펀을 통해 창출된 라이트솔루션스의 신규 사업은 전체의 50퍼센트를 차지했다.[184]

라이트솔루션스가 창조한 것은 여러 조직에 팽배한 창조성에 대한 편견을 이겨내면서 직원들의 아이디어를 적절히 관리하는 방법이다. 심사위원회나 거부의 계서제를 통과할 필요 없이 각 아이디어는 최상의 아이디어를 채택하도록 설계된 시스템을 거쳐 결정되고 공개된다. 아이디어의 추가 실행 여부에 관한 결정은 권력을 쥐고 있기 때문에 불확실성에 따른 모든 위험도 떠안고 있는 소수의 몫이 아니다. 뮤추얼 펀은 경영진의 누군가에게 가부 결정을 맡기는 대신 그 중대한 판단의 무게를 회사 전체에 분산한다. 아이디어에 관심은 있지만 마음을 완전히 뺏기지는 않은 경우, 약간의 돈만 투자하고 시간은 투자하지 않으면 된다.

마리노에 의하면 최고 의사결정자인 본인은 뮤추얼 펀 덕분에 또 다른 혜택을 입고 있다.

"이 시스템 덕분에 나는 항상 옳아야 한다는 끔찍한 부담에서 벗어날 수 있다."[185]

즉 아이디어의 잠재력을 평가할 때 초래되는 불확실성의 무게가 줄어든다. 라이트솔루션스는 직원들에게 노골적으로 창조성을 강요하려고 하지 않는다. 라보이와 마리노는 각 직원의 내면에 이미 잠재력이 존재한다고 생각한다. 그들은 조직의 창조적 산출량을 늘리기 위해 애쓰는 대신 기존의 방식에서 탈피해야 하고 창조적 아이디어를 인정할 수 있는 더 나은 시스템을 개발해야 한다고 생각한다.

단순히 멋진 아이디어를 내놓는 것만으로는 부족하다. 우리는 복잡한 도전과제로 가득한 세상에 살고 있고, 우리의 조직에는 혁신적 해법이 필요하다. 뿐만 아니라 우리는 창조적 아이디어에 대한 편견으로 가득한 세상에 살고 있기도 하다. 쥐덫 신화에 빠진 사람들은 세상이 우리의 독특한 창작물, 우리의 새롭고 유용한 아이디어를 애타게 기다리고 있다고 여긴다. 그러나 사실 대다수 사람들은 새로운 아이디어의 유용성을 쉽사리 파악하지 못한다. 세상은 멋진 아이디어를 원한다고들 하지만 세상은 언제나 혁신을 거부한다.

창조성을 둘러싼 모든 신화 중에서 쥐덫 신화는 아마 혁신을 가장 심각하게 가로막는 신화일지 모른다. 왜냐면 쥐덫 신화의 관심사는 아이디어 도출이 아니기 때문이다. 쥐덫 신화는 아이디어를 실행하는 방식에 영향을 미친다. 조직이 창조적 인재를 보유하는 것만으로는 부족하다. 조직에는 멋진 아이디어를 거부하지 않는 문화가 조성되어야 한다. 각자의 창조성을 강화하는 방법을 배우는 것만으로는 부족하다. 우리는 자칫 직면할지 모르는 거부의 장벽을 뛰어넘을 수 있는 끈기도 갖춰야 한다. 10장에서 사례로 들었던 모든 아이디어는 결국 채택되었다. 그것은 해당 아이디어의 창조성 덕분만은 아니다. 아이디어를 혁신으로 변모시킨 것은 아이디어를 내놓은 사람들의 끈기였다. 마찬가지로 리더가 팀을 혁신하는 것만으로는 부족하다. 리더는 자신의 편견을 더 현명하게 극복하고 잠재적 혁신을 더 빨리 인정할 수 있어야 한다.

우리에게 필요한 것은 멋진 아이디어만이 아니다. 이미 갖고 있는 멋진 아이디어를 전파할 수도 있어야 한다.

참고문헌

머리말

1. Diodorus Siculus, *Bibliotheca Historica*, 4.7.1-2.
2. R. Keith Sawyer, *Explaining Creativity: The Science of Human Innovation* (Cambridge:Oxford University Press, 2012), 19.
3. Robert S. Albert and Mark A. Runco, "A History of Research on Creativity," *in Handbook of Creativity*, ed. Robert J. Sternberg (Cambridge: Cambridge UniversityPress, 1998), 16-20.
4. Teresa M. Amabile, *Creativity in Context: Update to the Social Psychology of Creativity*(Boulder, CO: Westview, 1996), 35.
5. Teresa M. Amabile and others, "Assessing the Work Environment for Creativity," *Academy of Management Journal 39* (1996): 1155-1184.
6. Amabile, *Creativity in Context*.
7. *Ibid.*

1장

8. William Stukeley, *Memoirs of Sir Isaac Newton's Life* (1752).
9. Voltaire, *Lettres Philosophiques*.
10. Patricia Fara, "Catch a Falling Apple: Isaac Newton and Myths of Genius," *Endeavour 23* (1999): 167-170.
11. Mihaly Csikszentmihalyi, *Creativity: Flow and the Psychology of Discovery and Invention*(New York: HarperPerennial, 1997).
12. Scott Berkun, *Myths of Innovation* (Sebastopol, CA: O'Reilly, 2010).
13. Csikszentmihalyi, *Creativity*, 101.
14. Ellwood and others, "The Incubation Effect: Hatching a Solution?" *Creativity Research Journal 21* (2009): 6-14.
15. Benjamin Baird and others, "Inspired by Distraction: Mind Wandering Facilitates Creative Incubation," *Psychological Science 23*, no. 10 (2012), 1117-1122.
16. Norman R. F. Maier, "Reasoning in Humans: II. The Solution of a Problem and Its Appearance in Consciousness," *Journal of Comparative Psychology 12* (1931): 181-194.
17. David Owens, *Creative People Must Be Stopped: 6 Ways We Kill Innovation (Without Even Trying)* (San Francisco: Jossey-Bass, 2011).
18. Quoted in Matthew May, *The Laws of Subtraction: 6 Simple Rules for Winning in an Age of Excess* (New York: McGraw-Hill, 2012), 184.

2장

19. U.S. Department of Labor, "Fact Sheet #17D: Exemption for Professional Employees Under the Fair Labor Standards Act (FLSA)," *Wage and Hour Division* (July 2008).
20. R. Keith Sawyer, Explaining Creativity: *The Science of Human Innovation* (Cambridge: Oxford University Press, 2012).
21. *Ibid.*
22. *Ibid.*
23. *Ibid.*
24. Brian Caplan, *Selfish Reasons to Have More Kids: Why Being a Great Parent Is Less Work and More Fun Than You Think* (New York: Basic Books, 2011).
25. Marvin Reznikoff and others, "Creative Abilities in Identical and Fraternal Twins," *Behavior Genetics 3* (1973): 365-377.
26. *Ibid.*, 375.
27. Gary Hamel, *The Future of Management* (Boston: Harvard Business School Press, 2007).
28. R. Keith Sawyer, *Group Genius: The Creative Power of Collaboration* (New York: Basic Books, 2007).
29. *Ibid.*, 154.

3장

30. Malcolm Gladwell, "In the Air: Who Says Big Ideas Are Rare?" *New Yorker* 84, no. 13 (2008): 50-60.
31. *Ibid.*
32. *Ibid.*
33. Mark Twain and Albert Bigelow Paine, *Mark Twain's Letters, Vol. 1* (New York: Harper & Brothers, 1917), 731-732.
34. W. F. Ogburn and D. S. Thomas, "Are Inventions Inevitable?" *Political Science Quarterly 37* (1922): 83-98.
35. W. Brian Arthur, *The Nature of Technology: What It Is and How It Evolves* (New York: Free Press, 2009).
36. Robert Sutton, *Weird Ideas That Work: How to Build a Creative Company* (New York: Free Press, 2002).
37. John Steele Gordon, *The Business of America: Tales from the Marketplace-American Enterprise from the Settling of New England to the Breakup of AT&T* (New York: Walker, 2001), 103.
38. Robert A. Logan, *Shakespeare's Marlowe: The Influence of Christopher Marlowe on Shakespeare's Artistry* (Burlington, VT: Ashgate, 2007).

39. Julius Meier-Graefe, *Vincent van Gogh: A Biography* (Mineola, NY: Dover, 1987).

40. Kirby Ferguson, *Everything Is a Remix Part 2: Remix, Inc.*, directed by Kirby Ferguson (New York: Goodiebag, 2011), http://vimeo.com/19447662.

41. Pier Massimo Forni, *The Thinking Life: How to Thrive in the Age of Distraction* (New York: St. Martin's Press, 2011).

42. Andy Boynton, Bill Fischer, and William Bole, *The Idea Hunter: How to Find the Best Ideas and Make Them Happen* (San Francisco: Jossey-Bass, 2011).

43. Alexander Bain, *The Senses and the Intellect* (London: John Parker & Sons, 1855), 572.

44. Sarnoff Mednick, "The Associative Basis of the Creative Process," *Psychological Review 69* (1962): 220-232.

45. *Ibid.*, 224.

46. Hikaru Takeuchi and others, "White Matter Structures Associated with Creativity: Evidence from Diffusion Tensor Imaging," *NeuroImage 51* (2010): 11–18.

47. Hikaru Takeuchi and others, "Training of Working Memory Impacts Structural Connectivity," *Journal of Neuroscience 30, no. 9* (2010): 3297-3303.

48. Robert K. Merton, *On the Shoulders of Giants: A Shandean Postscript* (Chicago: University of Chicago Press, 1993), 9.

49. *Ibid.*, 178.

50. R. Keith Sawyer, *Explaining Creativity: The Science of Human Innovation* (Cambridge: Oxford University Press, 2012).

51. Walter Isaacson, *Steve Jobs* (New York: Simon & Schuster, 2011), 178.

52. Malcolm Gladwell, "Creation Myth: Xerox PARC, Apple, and the Truth About Innovation," *New Yorker 87*, no. 13 (2011): 44-53.

53. Quoted in Warren Bennis, *Organizing Genius: The Secrets of Creative Collaboration*(New York: Basic Books, 1998), 66.

54. Kirby Ferguson, *"Embracing the Remix,"* YouTube (June 2012), http://youtu.be / zd-dqUuvLk4.

4장

55. All quotations of Jay Martin are from a phone interview with the author, June 15, 2012.

56. R. Keith Sawyer, *Explaining Creativity: The Science of Human Innovation* (Cambridge: Oxford University Press, 2012).

57. Bruce Schector, *My Brain Is Open: The Mathematical Journey of Paul Erdos* (New York: Simon & Schuster, 1998), 14.

58. Jerry Grossman, "List of Publications of Paul Erdos: Update," Oakland University, https://files.oakland.edu/users/grossman/enp/pub10update.pdf (accessed June 2, 2012).

59. *Ibid.*
60. Don Tapscott and Anthony D. Williams, *Wikinomics: How Mass Collaboration Changes Everything* (New York: Portfolio, 2006).
61. *Ibid.*, 98.
62. Joshua Lerner, *Architecture of Innovation: The Economics of Creative Organizations* (Boston: Harvard Business Review Press, 2012).
63. Lenny Mendonca, interview with the author, December 19, 2012, San Francisco.
64. Jennifer Anastasoff, interview with the author, December 20, 2012, San Francisco.
65. Peters Sims, "Fuse Corps Becomes a BIG Bet, Thanks to Many Black Sheep" (September 11, 2011), http://petersims.com/2012/09/11/fuse-corps-becomes-a-big-bet-thanks-to-many-black-sheep/.
66. Noelle Galperin, interview with the author, December 17, 2012, San Francisco.
67. *Ibid.*
68. Mendonca, interview with the author.

5장

69. Arun Venugopal and Caitlyn Kim, "MacArthur Genius Grants Announced, Radiolab Host Among Recipients," *WNYC News Blog* (September 20, 2011), http://www.wnyc.org/blogs/wnyc-news-blog/2011/sep/20/macarthur-genius-grants-announced/.
70. MacArthur Foundation, "Fellows Frequently Asked Questions," *MacArthur Foundation*, http://www.macfound.org/fellows-faq/ (accessed June 15, 2012).
71. Diane Couto, "Picking Winners: A Conversation with MacArthur Fellows Program Director Daniel J. Socolow," *Harvard Business Review 85* (2007): 121-126.
72. George E. Burch, "Of Venture Research," *American Heart Journal 92*, no. 6 (1976): 681-683.
73. Bradford C. Johnson, James M. Manyika, and Lareina A. Yee, "The Next Revolution in Interaction," *McKinsey Quarterly 4* (2005): 25-26.
74. Teresa M. Amabile, Elise D. Phillips, and Mary Ann Collins, "Creativity by Contract: Social Influences on the Creativity of Professional Artists" (paper presented at the meeting of the American Psychological Association, Toronto, Ontario, Canada, August 14-18, 1993).
75. Teresa M. Amabile, *Creativity in Context* (Boulder, CO: Westview Press, 1996), 107.
76. Edward Deci and Richard Ryan, *Intrinsic Motivation and Self-Determination in Human Behavior* (New York: Plenum, 1985).
77. Amabile, *Creativity in Context*.
78. David Burkus and Gary Oster, "Noncommissioned Work: Exploring the Influence of Structured Free Time on Creativity and Innovation," *Journal of Strategic Leader-*

ship 4, no. 1 (2012): 48-60.

79. Rosabeth Moss Kanter, John Kao, and Fred Wiersema, *Innovation: Breakthrough Thinking at 3M, DuPont, GE, Pfizer, and Rubbermaid* (New York: HarperBusiness, 1997).

80. Daniel Pink, Drive: *The Surprising Truth About What Motivates Us* (New York: Riverhead, 2009).

81. Ben Casnocha, "Success on the Side," *The American*, April 24, 2009, http:// www.american.com/archive/2009/april-2009/Success-on-the-Side/.

82. Pink, *Drive*.

83. Daniel Pink, "Reap the Rewards of Letting Your Employees Run Free," *Sunday Telegraph*, December 5, 2010, 8.

84. R. Keith Sawyer, Group Genius: *The Creative Power of Collaboration* (New York: Basic Books, 2007).

85. Robert Sutton, *Weird Ideas That Work: How to Build a Creative Company* (New York: Free Press, 2002).

86. Tina Seelig, *inGenius: A Crash Course in Creativity* (New York: HarperOne, 2012).

87. Jason Fried, "How to Spark Creativity," *Inc. 34*, no. 7 (2012): 37.

88. *Ibid.*

6장

89. Robert Friedel and Paul Israel, *Edison's Electric Light: Biography of an Invention* (New Brunswick, NJ: Rutgers University Press, 1986).

90. Andrew Hargadon, *How Breakthroughs Happen: The Surprising Truth About How Companies Innovate* (Boston: Harvard Business School Press, 2003).

91. Smithsonian Institute, "Edison's Story," *Smithsonian Lemelson Center*, http:// invention.smithsonian.org/centerpieces/edison/000_story_02.asp (accessed July 7, 2012).

92. Hargadon, *How Breakthroughs Happen*.

93. *Ibid.*

94. *Ibid.*, 93.

95. William E. Wallace, "Michelangelo, CEO," *New York Times*, April 16, 1994, http:// www.nytimes.com/1994/04/16/opinion/michelangelo-ceo.html.

96. Kevin Dunbar, "How Scientists Really Reason: Scientific Reasoning in Real-World Laboratories," in *Mechanisms of Insight*, ed. Robert J. Sternberg and Janet Davidson (Cambridge, MA: MIT Press, 1995), 365-395.

97. Brian Uzzi and Jarrett Spiro, "Collaboration and Creativity: The Small World Problem," *American Journal of Sociology 111* (2005): 447-504.

98. Jarrett Spiro, email interview with the author, December 2, 2012.

99. Brian Uzzi, email interview with the author, January 9, 2013.

100. Spiro, interview with the author.

101. Uzzi, interview with the author.

102. Andy Boynton, Bill Fischer, and William Bole, *The Idea Hunter: How to Find the Best Ideas and Make Them Happen* (San Francisco: Jossey-Bass, 2011).

103. All quotations of Gianfranco Zaccai are from a phone interview with the author, December 4, 2012.

7장

104. Briane Dumaine, Julie Sloane, Kemp Powers, and Julia Boorstin, "How We Got Started," *Fortune Small Business 14*, no. 7 (2004): 92-104.

105. Andy Boynton, Bill Fischer, and William Bole, *The Idea Hunter: How to Find the Best Ideas and Make Them Happen* (San Francisco: Jossey-Bass, 2011), 53.

106. David Kesmodel, "Revolutionizing American Beer," *Wall Street Journal*, April 19, 2010, http://online.wsj.com/article/SB1000142405270230451000457518593 15 47 860908.html.

107. *Ibid.*

108. Boynton, Fischer, and Bole, *The Idea Hunter*, 76.

109. Quoted in Scott Berkun, *Myths of Innovation* (Sebastopol, CA: O'Reilly 2010), 88.

110. This and later quotations of R. Keith Sawyer in this chapter are from a phone interview with the author, December 10, 2012.

111. R. Keith Sawyer, *Zig Zag: The Surprising Path to Greater Creativity* (San Francisco: Jossey-Bass, 2013) and Explaining Creativity: The Science of Human Innovation (Cambridge: Oxford University Press, 2012), 88-89.

112. Alex Osborn, *Applied Imagination: Principles and Procedures of Creative Problem-Solving* (New York: Charles Scribner's Sons, 1957).

113. *Ibid.*, 233-242.

114. Anne K. Offner, Thomas J. Kramer, and Joel P. Winter, "The Effects of Facilitation, Recording, and Pauses on Group Brainstorming," *Small Group Research 27* (1996): 283-298.

115. Osborn, *Applied Imagination*.

116. IDEO, "*About IDEO*," IDEO, http://www.ideo.com/about/ (accessed July 13, 2012).

117. IDEO, "Our Approach: Design Thinking," IDEO, http://www.ideo.com/about/ (accessed July 13, 2012).

118. IDEO, "About IDEO," IDEO, http://www.ideo.com/about/ (accessed July 13, 2012).

119. Tina Selig, *inGenius: A Crash Course in Creativity* (New York: HarperOne, 2012).

120. Tom Kelley, *The Art of Innovation: Lessons in Creativity from IDEO, America's Leading Design Firm* (New York: Crown Business, 2001), 56.

121. *Ibid.*, 57.

122. *Ibid.*, 56.

123. Tom Kelley, "Prototyping Is the Shorthand of Design," *Design Management Journal 12* (2001): 35-42.

8장

124. Walter Isaacson, *Steve Jobs* (New York: Simon & Schuster, 2011), 431.

125. Ed Catmull, "How Pixar Fosters Collective Creativity," *Harvard Business Review 86*, no. 9 (2008): 65-72.

126. Ed Catmull, interview with Martin Giles, the Innovation Summit, March 23-24, 2010, Haas School of Business, University of California, Berkeley.

127. Quoted in Andy Boynton, Bill Fischer, and William Bole, *The Idea Hunter: How to Find the Best Ideas and Make Them Happen* (San Francisco: Jossey-Bass, 2011), 109.

128. Alex Osborn, *Applied Imagination: Principles and Procedures of Creative Problem Solving* (New York: Charles Scribner's Sons, 1957).

129. Charlan Nemeth and others, "The Liberating Role of Conflict in Group Creativity: A Study in Two Countries," *European Journal of Social Psychology 34* (2004): 365-374.

130. *Ibid.*, 372.

131. Nancy Lowry and David W. Johnson, "Effects of Controversy on Epistemic Curiosity, Achievement, and Attitudes," *Journal of Social Psychology 115* (1981): 31-43.

132. Peter Drucker, *The Effective Executive* (New York: HarperBusiness, 2006), 148.

133. Robert Sutton, *Weird Ideas That Work: 11½ Practices for Promoting, Managing, and Sustaining Innovation* (New York: Free Press, 2002), 85.

134. David Freeman, "Say Hello to Your New Brain," *Inc.* 33, no. 10 (2012): 72-78.

135. Phil Libin and Guy Kawasaki, "Creative Power," *NYSE Magazine*, http://www.nysemagazine.com/ceo-report/evernote (accessed December 12, 2012).

136. Sutton, *Weird Ideas That Work*.

137. *Ibid.*, 87.

138. Warren Bennis, *Organizing Genius: The Secrets of Creative Collaboration* (New York: Basic Books, 1998), 122.

139. Peter Sims, *Little Bets: How Breakthrough Ideas Emerge from Small Discoveries* (New York: Free Press, 2011).

140. Quoted in Sims, *Little Bets*, 71.

141. Catmull, interview with Martin Giles

9장

142. Matthew May, *The Laws of Subtraction: Six Simple Rules for Winning in the Age of Excess* (New York: McGraw-Hill, 2012), 113.

143. Larry Abramson, "How a Promise Led to Innovation: A Peanut Sheller," NPR: All Things Considered, November 10, 2010, http://www.npr.org/templates/story / story.php?storyId=130890701.

144. Tina Seelig, *inGenius: A Crash Course in Creativity* (New York: HarperOne, 2012).

145. Quoted in May, *The Laws of Subtraction*, 136.

146. Patricia Stokes, *Creativity from Constraints: The Psychology of Breakthrough* (New York: Springer, 2006), xi.

147. *Ibid.*, xii.

148. Kathleen Arnold, Kathleen B. McDermott, and Karl K. Szpunar, "Imagining the Near and Far Future: The Role of Location Familiarity," *Memory & Cognition 39* (2011): 954-967.

149. Stokes, *Creativity from Constraints.*

150. *Ibid.*

151. Kirby Ferguson, *Everything Is a Remix Part 1: The Song Remains the Same*, directed by Kirby Ferguson (New York: Goodiebag, 2011), http://vimeo.com/14912890.

152. Patricia Stokes, "Using Constraints to Generate and Sustain Novelty," *Psychology of Aesthetics, Creativity*, and the Arts 1 (2007): 107-113.

153. Janina Marguc, Jens Förster, and Gerben A. Van Kleef, "Stepping Back to See the Big Picture: When Obstacles Elicit Global Processing," *Journal of Personality and Social Psychology 101*, no. 5 (2011): 883-901.

154. 37signals, "Our Story," 37signals, http://37signals.com/about (accessed July 17, 2012).

155. Jason Fried, "How I Got Good at Making Money," *Inc. 33*, no. 2 (2011): 54-60.

156. 37signals, "Our Story."

157. Jason Fried, "Starting Over," *Inc. 34*, no. 1 (2012): 40.

158. Nick Summers, "Chaos Theory," *Newsweek* 155, no. 15 (2010): 46-47.

159. Jason Fried and David Heniemeier Hansson, *Rework* (New York: Crown Business, 2011), 68.

160. *Ibid.*

161. Jason Fried, "It Takes a Village," *Inc. 34*, no. 5 (2012): 43.

162. Nick Summers, "Chaos Theory," *Newsweek 155*, no. 15 (2010): 46-47.

163. Fried and Hansson, *Rework, 67.*

164. *Ibid.*

10장

165. John H. Leinhard, "A Better Mousetrap," *Engines of Our Ingenuity*, Episode 1163, http://www.uh.edu/engines/epi1163.htm (accessed November 17, 2012).

166. Elting E. Morison, *Men, Machines, and Modern Times* (Cambridge, MA: MIT Press, 1966).

167. Quoted in Scott Berkun, *Myths of Innovation* (Sebastopol, CA: O'Reilly, 2010), 59.

168. Eric Ries, *The Lean Startup: How Today's Entrepreneurs Use Continuous Innovation to Create Radically Successful Businesses* (New York: Crown Business, 2011), 111.

169. Dave Owens, *Creative People Must Be Stopped: 6 Ways We Kill Innovation* (Without Even Trying) (San Francisco: Jossey-Bass, 2011), 126-127.

170. Tina Seelig, *inGenius: A Crash Course in Creativity* (New York: HarperOne, 2012).

171. Kevin Davies, "Public Library of Science Opens Its Doors," *Bio-IT World*, November 15, 2003, http://bio-itworld.com/archive/111403/plos/.

172. Berkun, *Myths of Innovation*, 57.

173. Rob Kaplan, *Science Says: A Collection of Quotations on the History, Meaning, and Practice of Science* (New York: Stonesong, 2003), 55.

174. Scott Kirsner, *Inventing the Movies: Hollywood's Epic Battle Between Innovation and the Status Quo, from Thomas Edison to Steve Jobs* (n.l.: CinemaTech Books, 2008), 18.

175. Plato, *Phaedrus*.

176. Jennifer S. Mueller, Shimul Melwani, and Jack A. Goncalo, "The Bias Against Creativity: Why People Desire but Reject Creative Ideas," *Psychological Science 23* (2012): 13-17.

177. David Burkus and David Owens, *LDRLB*, Episode 303, podcast audio, March 5, 2012, http://ldrlb.co/2012/03/0303-david-owens/.

178. Mueller, Melwani, and Goncalo, *"The Bias Against Creativity."*

179. Gary Hamel, *The Future of Management* (Boston: Harvard Business School Press, 2007).

180. Gregory Berns, *Iconoclast: A Neuroscientist Reveals How to Think Differently* (Boston: Harvard Business Review Press, 2010), 72.

181. *Ibid.*

182. Hamel, *Future of Management*.

183. William C. Taylor, "Here's an Idea: Let Everyone Have Ideas," *New York Times*, March 26, 2006, http://www.nytimes.com/2006/03/26/business/yourmoney/26mgmt.html?.

184. Hamel, *Future of Management*.

185. Taylor, "Here's an Idea."